용기를 주는 타인의 심리학

용기를 주는

타인의 심리학

찍은날·2015년 8월 2일
펴낸날·2015년 8월 7일

지은이·다고 아키라
편역자·이창식
펴낸이·김순일, 임형오
편　집·박민정
디자인·김아영
펴낸곳·미래문화사
등록번호·제2014-000151호
등록일자·1976년 10월 19일
주소·경기도 고양시 덕양구 삼송로 139번길 7-5 1F
전화·02-715-4507 / 713-6647
팩스·02-713-4805
전자우편·mirae715@hanmail.net
홈페이지·www.miraepub.co.kr

ISBN 978-89-7299-439-8 03320

용기를주는
타인의 심리학

다고 아키라 지음
이창식 편역

미래문화사

/독자에게 드리는 말/

심리적 정신무장이 필요한 시대

필자는 심리학을 연구한 한 사람으로서 사람들로부터 원만한 대인관계를 유지하는 방법이 무엇인가를 의뢰받고 그 조사를 위해 조직을 방문하여 많은 샐러리맨들을 만나 이야기를 나눈 적이 있다. 그 중에는 대기업의 경영자로부터 무명의 영업사원에 이르기까지 실로 각양각색의 사람들이 포함되어 있었다. 이러한 경험을 통해서 필자가 통감한 것은 기업사회에는 일반사회와는 달리 일종의 독특한 심리적 역학관계가 작용하고 있다는 사실이다.

회사 안에는 여러 가지 타입의 인간이 있다. 조용한 가운데 묵묵히 일하는 사원이 있는가 하면, 연중 고함만 지르는 맹렬 사원도 있다. 또 부하의 의견을 잘 들어주는 상사가 있는가 하면, 무엇이든지 자기가 결정하지 않고는 직성이 풀리지 않는 중간 관리자도 있다. 그러나 이 같은 표면의 행동과 태도만을 가지고 온순한 사원, 열성적인 사원, 사리에 밝은 상사, 아집이 강한 관리자라는 식으로 속단한다면 그것은 기업사회의 심리를 제대로 파악하지 못하는 원인이 될 수도 있다.

엄격한 경쟁원리가 지배하는 비즈니스 사회, 모든 것에 효율주의 · 합리주의가 판을 치는 현장에서 자신을 지키고 비전을 찾기 위해서는 다양한 심리적 정신무장이 필요하다.

필자는 이 같은 기업사회의 심리적 특성을《사회 병리학》이라는 책에서 정리한 바 있다. 이 책 속에 있는 내용들은 점점 복잡해져가는 현대의 삶에서 당신이 나아가는 길을 명쾌하게 제시해줄 것이다.

특히 샐러리맨은 기계로 할 수 있는 일에서 멀어져 점점 인간 대 인간의 대인관계 속에서 살아가지 않으면 안 되게 되었다. 그래서《사회 병리학》을 모체로 하여 가필과 재편집을 거쳐 모자라는 부분을 대폭 보완해서 만든 것이 바로 이 책이다. 이제 첨단 정보화시대를 살아가는 여러분들에게 부드러운 마음의 세계를 열어 보이는 데 조그마한 도움이라도 되어 준다면 더없이 다행으로 여길 것이다.

더욱이 이즈음 세계 전체가 금융위기에 휘말리면서 사람들의 마음이 안정을 잃는 때라 이 책의 내용이 더욱 빛나리라 믿는다.《용기를 주는 타인의 심리학》은 경제가 위축되거나 활기차게 뻗어 가는 때 더욱 적나라하게 그 모습을 내보이게 되는데 그 사람의 심리를 읽으려면 그 사람의 행동을 보면 알 수 있기 때문이다.

모쪼록 이 책이 조직사회라 볼 수 있는 기업에 크게 기여하기를 바라는 마음이 간절하다.

– 다고 아키라多湖煇

/편역자의 말/

인간의 심리를 극명하게 분석해내다...

나 스스로 기업사회가 안고 있는 문제를 논설 또는 평론으로 다룬 적은 있었지만, 심리학자가 기업사회가 안고 있는 제반 문제에 대하여 쓴 책을 번역하기는 이번이 처음이다.

저자 다고 아키라多湖輝는 일본 지바千葉대학의 교수로 평생을 심리학 연구에 몸 바친 일본 유수의 원로 교수 중의 한 사람이다. 그는 대학의 강단에 서는 일 외에도 기업진단, 강연회의 강사, TV 출연 등 그 활약이 뛰어나 일본에서는 '대물'로 통하는 희귀한 인물이기도 하다.

그는 이 책에서 기업과 개인, 조직과 인간에 관한 문제들을 간단명료하게 정리해 놓았을 뿐 아니라, 글로벌 시대를 살아갈 경영자와 샐러리맨들에게 인간의 숨겨진 내면의 세계, 즉 심층 심리를 극명하게 제시해 주고 있다.

특히 저자는 이 한 권의 책原題 : 讀心術을 펴내기 위해 그가 이미 출간했던 《사회 병리학》이라는 책을 전면 개편하는 번거로움과 수고도 아끼지 않았다.

각 부마다 나오는 세계적인 심리학적 연구자료 등은 짧은 시간에 문제의 핵심을 이해하는 데 크게 도움이 되리라 확신한다.

끝으로 이 책의 역자로서 하고 싶은 말이 있다면, 이 책이야말로 현시대를 살아가면서 겪는 위난危難을 이겨내는 전술전략서라 확신하고 감히 일독을 권하는 바이다.

– 이창식

Chapter 1. 의식의 변화가 필요하다

Chapter 2. 욕구불만은 절대 내성이 생기지 않는다

CHAPTER 01

의식의 변화가 필요하다

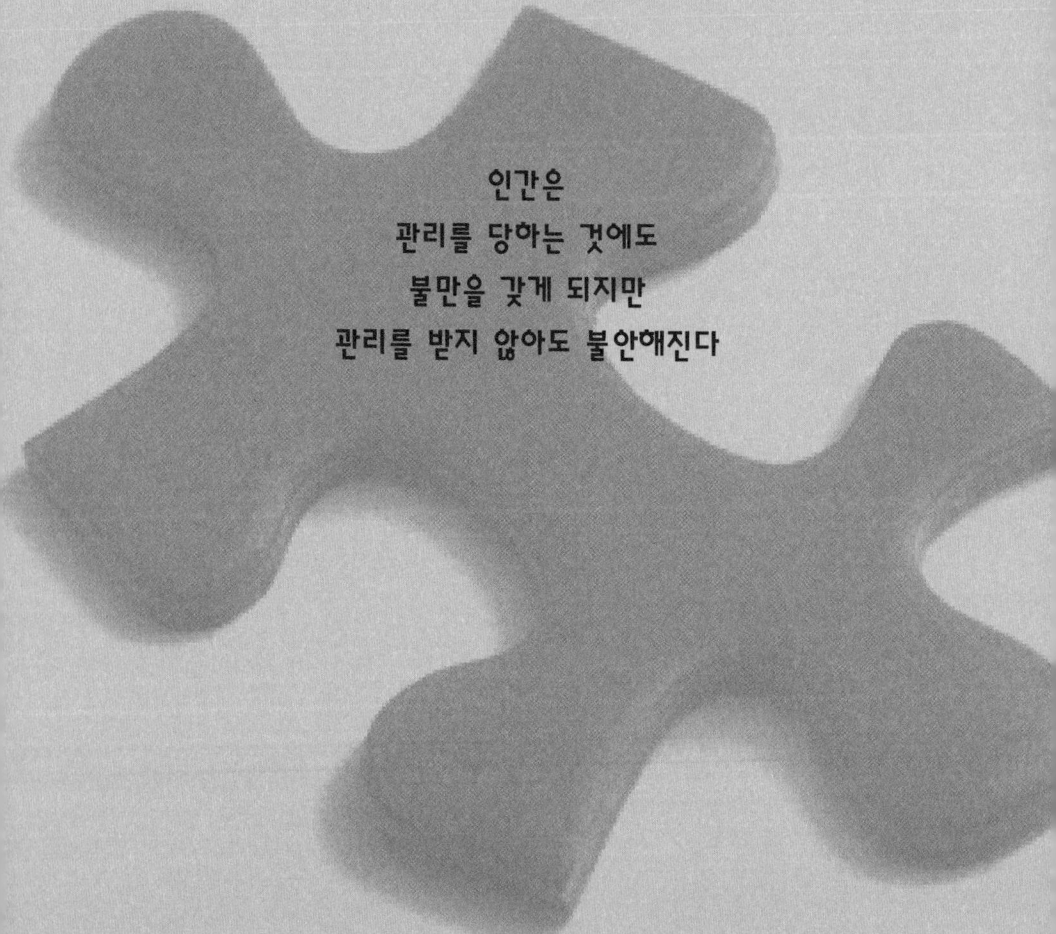

인간은
관리를 당하는 것에도
불만을 갖게 되지만
관리를 받지 않아도 불안해진다

1

무표정은 가장 무서운 감정표현이다

기업이나 기관에 가 보면 가끔 표정이 굳어 있는 사람과 마주칠 때가 있다. 또 강연회장의 단상에 올라서 관찰해 보면 싱글벙글 웃는 사람, 탄복한 듯이 고개를 끄덕끄덕하고 있는 사람, 이렇게 감정을 드러내는 사람들 가운데 아무런 반응도 나타내지 않는 사람이 있다.

이 같은 사람은 모름지기 직장에서도 상사의 농담에 웃거나 미소 짓지 않을 뿐 아니라, 회사에 좋은 소식이 생겨 야단법석일 때도 오직 혼자서 무연하게 있는 사람이다. 이런 사람을 가리켜 '데드마스크 증상'의 인간형이라고 한다. 그런데 이 같은 무관심이나 무감동은 조직이나 상사의 압력에 대한 가벼운 저항심리가 내포된 경우가 적지 않다.

심리학적으로 이 '데드마스크 증상'의 첫째 원인은 상사에 대한 증오나 적의 등의 감정을 상대에게 눈치 채지 않게 하려는 무의식적인 방어수단이라고 할 수 있다.

동양인은 옛 부터 감정 표출이 빈곤하고 표정이 애매한 것으로 유명하다. 이것은 서구사회와 달리 동양인의 인간관계가 횡적이 아니라 종적인 탓도 있다. 이와 같은 종적인 사회, 즉 수직사회에서는 필연적으로 아랫사람의 입장에서는 윗사람의 감정을 건드리지 않기 위해 지나칠 정도로 신경을 쓰게 마련이다. 그리고 증오심이나 적개심을 윗사람이 눈치 채지 못하게 하기 위한 방법으로 감정의 표출을 억제하는 것이다.

'데드마스크 증상'의 또 한 가지 원인으로, 사람이 인간관계에서 중압감을 느꼈을 때 혹은 곤란을 느꼈을 때 마음의 문을 굳게 잠그고 그 속으로 숨어 버리는 '내폐성內閉性'이라는 습성을 들 수 있다. 분열증 환자에게서 이 극한적인 형태를 볼 수 있는데, 말기가 되면 감정이 무디어져 무표정해진다.

내향적인 사람은 본래 마음의 문이 유달리 두터운 데다가 내성적이고 비사교적 성향이기 때문에 인간관계가 원만히 잘 이루어지지 않는 폐단이 있다. 이런 때 외부와 조화를 이루지 못하면 점점 기피하게 되는 수가 있다. 이 같은 상황에서 압력이 가해지는 조직일수록 '데드마스크 증상'이 많아지게 된다.

이렇게 생각하면 이 증상이야말로 하위직에 있는 사람, 억압당하고 있는 사람에게 있을 수 있는 하나의 병적 요인이라고 할 수 있다. 그러나 사실은 자신에게 더 많은 문제점이 있음을 알아야 한다.

이들은 감정의 표출을 한껏 억제하는 것이 상사나 조직에 대한 제 나름의 저항의 표출이라고 생각할지 모르지만 보기에 따라서는 무표정만큼 강렬한 감정 표출도 없다. 무표정은 외부에 투영됐을 때 자신이 의식하는 것보다 훨씬 경직돼 보인다. 가장 무서운 표정 중의 하나가 되고 마는 것을 본인은 알지 못하는 것이다. 따라서 모든 화살과 눈총이 집중된다는 사실을 알아야 한다.

결과적으로 이 같은 부류의 사람들은 상사는 물론 동료들로부터 멀어지게 되며 정도가 지나치면 고립무원의 경지에 이르게 된다. 고립은 인간에게 있어서 가장 혹독한 형벌 중의 형벌이다.

2

평가에 가혹할수록 무능하다

창조성 계발의 수법으로 유명한 오즈 폰의 프랜 스토밍그 법의 요체에 '사람의 작은 아이디어도 건성으로 듣지 말라'는 말이 있다. 말하자면 킬러 프레이즈를 엄금한다는 뜻에서 한 말이다. 킬러 프레이즈라는 것은 살인하는 행위라는 뜻으로, 타인이 내놓는 아이디어를 '안 되겠어. 그런 것은 아무 쓸모도 없어' 하며 일언지하에 뭉개 버리고 마는 행위를 말한다.

조직 활동이 있는 한 그 속에서 나오는 아이디어는 그것이 특정 개인의 산물이라기보다는 그 조직 전체의 것으로 자연스럽게 창출된 것이라고 봐야 옳을 것이다. 비록 하찮게 보이는 아이디어라도 그것이 즉발되어 상상도 못할 결과를 가져오는 수가 있기 때문이다.

만약에 '하잘것없다'고 평가되었던 아이디어가 살아나고 실용되어 큰 성과를 거두게 된다면, 그 계기를 만들었다는 것만으로도 아이디어를 냈던 사람은 자기실현의 기쁨을 맛보게 된다.

이에 반해 '안 돼'라고 일언지하에 킬러 프레이즈가 거듭된다면 그로부터 시작되었을지도 몰랐던 싹과 연상延想의 끈을 무참하게 죽이고 만 셈이 된다. 뿐만 아니라 그 하잘것없는 아이디어를 냈던 사람은 두뇌활동의 정지와 함께 무언에 엄청난 압력이 가해지고 마는 결과가 된다.

결국 결실을 맺을 수 있을지 몰랐던 멋진 결과를 저버리게 하고, 나아가서는 개인의 '뭔가 해 보고 싶다'는 의욕마저 앗아 가는 이중의 손실을 범하게 된다.

K. J법이나 팀워크의 연구로 유명한 인류문화 학자 가와 기다지로喜田次郎는 일의 결과를 '잘 됐다, 잘못 됐다'라고 평가하기 전에 '우선 맛을 보는 심정으로 음미하는 일이 중요하다'고 했다.

마치 다 된 요리를 먹을 때와 같이 그 요리가 되기까지의 과정을 상상하고 맛이 있든 없든 입 속에 넣고 천천히 맛보는 감정을 가지라는 것이다. 그러고 나서 '참으로 맛이 있다'든지 '조금 더 달았으면 좋았겠다든지, 아니면 조금만 더 쪘으면 좋았을 걸……' 하는 식으로 평가하는 것이 이상적인 평가 방식이라고 말했다.

이것은 킬러 프레이즈는 금물이라는 생각과 아주 흡사한 말이며, 아이디어나 일의 결과에 대해 무자비하게 평가하는 것이 얼마나 창조성에 손상을 입히고, 자기실현의 근본 바탕을 앗아가 버리는가를 의미있게 시사하고 있다. 그런데 이 킬러 프레이즈는 자신의 자유를 지키기 위해 전전긍긍하는 상사 가운데 특히 많다.

부정함으로써 하지 않아도 되는 일을 적극적으로 했다가 말썽을 일으켜 평지풍파를 일으키지 않겠다는 의도가 내면에 깔려 있다. 현재의 자기 위치를 지키는 데 이런저런 문제를 일으켜 시끄럽게 할 일이 없다는 말이다. 그러니까 무턱대고 하위직의 아이디어를 과소평가하거나 매도하는 상사일수록 무능하다고 봐도 크게 틀리지 않는다.

이런 유형의 상사일수록 자기보다 우수한 부하가 표면에 떠오르는 것을 달가워하지 않는다.

자기가 아니면 누구도 그 일을 감당 못한다고 호언하거나 자기선전을 하고 다니는 중역은 이미 능력 한계에 도달한 사람으로 봐도 좋다.

3

실패는 실패를 예상할 때 생긴다

세상에는 '어차피 나는 조직에서 버림받은 자다'라든지 '나같이 무능한 녀석은 일생 동안 평사원으로 끝장나는 거야'라며 자조하고 자학한 나머지 취미생활이나 집안일에 열중하는 것만으로 만족을 느끼는 사람들이 있다.

취미생활이나 가정의 일에서 사는 보람을 느끼는 것이 나쁘다는 것은 아니지만, 그들이라고 해서 애초부터 성공해 보겠다는 꿈이 없었던 것은 아니다. 그리고 어떤 기회에 한두 번 실패한 것으로 받은 쇼크가 두 번 다시 재기할 수 없는 실패자로 자기 스스로를 단정하고 마는 것은 참으로 어리석은 짓이다.

실패자는 '자신이 원해서 실패자가 된다'는 말이 있다. 일을 하기도 전에 이미 실패할 거라고 예상하고 있었기 때문에 결국은 실패로 끝나는 경우가 많다. 그들은 실패에 지나친 공포심을 가진 나머지 자기 자신을 무능한 인간으로 평가절하 해버린다.

그렇게 함으로써 지금의 일이 후에 실패를 했다 하더라도 충격을 적게 받을 수 있을 것이라고 믿고 있기 때문이다. 이 같은 자기 방어 심리가 결과를 실패로 자초하고 마는 것이다. 그런데 실제로 실패하고 나면 자기 평가는 한층 가혹해져서 스스로를 아주 쓸모없는 존재로 격하시키고 만다. 결국 그는 실패의 예상과 실패의 악순환 속에서 헤어나지 못하고 자기 자신을 완전무결한 패배자로 낙인찍어 버리는 것이다.

이 같은 실패의 구조를 예일대학의 두 사회심리학자 G. 마크레와 D. 멧티가 여학생들을 대상으로 한 실험을 통해서 확인해 냈다.

그는 우선 72명의 여학생에게 자기 평가를 시켜 놓고, 평가의 정도에 따라 몇 개의 그룹으로 나누어 놓았다. 전원에게 부여된 일은 모두가 같은 것이지만 각 그룹의 반수 A에게는 '성공은 당신의 행동에 의해 결정된다'라고 일러주고, 나머지 반수 B에 대해서는 '성공은 운에 따른다'라고 서로 다른 암시를 주었다.

일을 하는 도중에 실험자는 '여러분의 일은 대단히 훌륭하게 진행되어 가고 있군요'라고 일부러 칭찬을 해 주었다. 이 칭찬은 나중에 성공을 적극적으로 받아들였는지, 아니면 소극적으로 받아들였는지를 측정하기 위한 것이었다. 결과는 두 학자의 예상대로 적중했다.

즉, 자기 평가를 높게 한 그룹은 A나 B를 막론하고 상당한 성적을 올렸다. 또 자기 평가를 확실하게 하지 않았던 그룹은 A도 B도 어느 정도에 해당하는 성적만을 올렸을 뿐이었다.

그러나 애초부터 확신을 가지고 있지 않고 자기 평가를 낮게 했던 그룹 중에서 A는 처음 단계에서는 잘 버티었지만 '잘 진행되고 있군'이라는 칭찬을 듣는 순간 성적이 뚝 떨어지고 말았다. 그러나 이 그룹의 B는 전체 그룹 중에서 가장 진보성이 큰 것으로 입증됐다.

두 사람의 심리학자는 그 결과에 대해서 '성공에 도달하지 못하는 사람은 자기 자신을 낮게 평가하고 성공할 수 없다는 생각으로 마음의 문을 굳게 잠그고 도리어 자기 자신이 그렇게 되는 것이 당연하다고 결정하고 마는 데 있다'고 결론지었다.

실패와 성공은 어디까지나 결과론이지만, 결과를 보기도 전에 성공은 불가능하다고 단정해서는 안 된다. 그러나 사람에 따라서 거듭되는 실수를 질책이나 경고가 아닌 위로만 해줄 때 영영 성공과 멀어지는 수도 있으니 정상참작에 유념해야 한다.

4

창조성 결여는 정신노화 현상이다

창조성 연구가로 널리 알려진 미국의 J. E. 아놀드는 창조에 장애가 되는 요인을 첫째, 인지認知에 관한 장애라 하였고, 둘째로는 문화적인 장애, 셋째는 정동적情動的인 장애라 하였다.

여기에서 첫째는 문제파악을 제대로 하는 것이 어렵고, 둘째는 집단에의 동조성同諦性, 형식 논리의 중시 등이고, 셋째는 실수나 타인으로부터 비웃음을 사는 것에 대한 공포, 안정에의 욕구, 윗사람에 대한 공포감, 협력자나 아랫사람에 대한 불신이라고 열거했다. 이것을 요약하면 '실패에 대한 공포'가 창조적인 활동을 저해하는 가장 큰 요인이라고 할 수 있다.

즉, 개인이 실패 혹은 시행착오를 겁내는 감정에 빠져 있는 한 창조적인 일은 제대로 할 수 없다는 것이다. 따라서 인간이라면 누구를 막론하고 안정을 추구하려는 욕구를 가지고 있다는 얘기다.

특히, 기업에 있어서의 실패는 곧 죽은 상태와 같은 종말을 의미하기 때문에, 창조적인 일을 한다는 것이 여간 어려운 일이 아니다. 왜냐하면 창조적인 일을 하려다가 본의 아닌 실수나 잘못을 저질렀을 때 받게 될 문책이 두렵기 때문이다. 따라서 대부분의 인간들은 창조적인 행위와는 동떨어진 행동, 즉 윗사람이 시키는 일이나 윗사람의 눈치를 살피는 것으로 일관해 버린다. 이와 반대로 기업은 모든 사원들에게 창조성을 강력히 요구하면서도 한편으로는 어떠한 실패도 용납하지 않는다.

이 엄청난 모순을 누군가가 해결하지 않고는 한걸음도 앞으로 전진할 수가 없다. 페핀스키는 이것을 조직의 문제라는 관점에서 다음과 같이 말했다.

'첫째, 의도가 조직을 위한 것이었다면 웬만한 모험은 용서할 수 있어야 하고, 둘째, 표준에서 벗어나는 사람이라면 특수한 능력이나 지적 능력이 활용될 수 있어야 한다.'

이 점에 대해서는 다음에서 자세히 언급하기로 하고, 개인의 입장에서는 어떤 일이 가능한지 생각해 보자.

사람은 중년 이후가 되면 어느 정도 보수적인 경향을 띠게 마련이다. 특히 정년이 가까워지면 남은 기간을 대가 없이 보내는 것이 제일의 신조가 되고 만다. 그런데 문제는 정년과는 거리가 먼 30대의 젊은 사람 가운데 실패에 대한 공포증이 상상 외로 많다는 데 있다. 요즘 젊은 사원들 가운데는 창조성과는 거리가 먼 안전제일주의를 추구하는 사람이 많다. 그것은 그들이 자신도 모르는 사이에 정신적인 노화상태에 진입해 있기 때문이다.

창조성이 없는 사회, 창조성이 없는 인간에게서 기대할 것은 아무것도 없다.

5

자유가 부여되면 그 자유가 되레 불안스럽다

어느 대학이나 마찬가지로, 5월에서 6월 사이에 신입생 노이로제 환자가 급격히 늘어난다고 한다. 따라서 학교 당국은 물론 학부형까지도 걱정하게 하는 사태가 끊이지 않고 있다. 그런데 노이로제에 걸리는 학생들의 대부분은 부모 곁을 떠나 혼자서 하숙이나 자취를 하고 있는 지방 출신들이라고 한다. 입학할 당시만 해도 활기에 차 있던 학생이 어째서 단시일 안에 정신적인 불안과 착란 상태에 빠지게 되는 것일까?

필자는 심리학을 전공한 입장에서 그 같은 학생들과 만날 기회가 많은 편인데, 거기에는 '자유에 대한 불안'이 그 최대의 원인이라고 보게 되었다. 그들은 처음엔 부모의 곁을 떠나 한동안 해방감 속에서 자유를 만끽하지만 2~3개월이 지나고 나면 자유로운 생활이 오히려 불안해지기 시작한다는 것이다.

그들은 부모 밑에 있을 때 여러 가지로 간섭받고 자란 경험자이기 때문에 해방, 즉 구속이 뒤따르지 않는 생활을 무척이나 좋아했었음이 틀림없다. 그러나 세상일이란 좋을 대로만 되어가는 것이 아니라는 것을 그들은 모르고 있었던 것이다.

고등학교 시절만 하더라도 귀찮고 성가시긴 했어도 앞뒤를 살펴 줄 교사가 있었지만 대학은 전혀 사정이 다르다. 모든 것이 자주적인 판단에 따라 행동하도록 되어 있기 때문에 농땡이를 부리자면 얼마든지 부릴 수 있다. 그들은 여기서 대학의 해방감을 맛보게 되고 대학이야말로 천국인 듯이 착각하기도 한다.

그러나 2~3개월이 지나고 나면 고교생활 때와 같은 규칙적인 생활도 없어지고, 거기다가 수업 자체도 기대했던 것만큼의 내용도 아닌데다, 마음 놓고 얘기를 나눌 수 있는 친구가 있는 것도 아니어서 자연히 욕구 불만과 고독감이 겹쳐 마침내는 노이로제 상태에 빠지고 마는 것이다.

인간이란 자유를 얻으려는 반면에 막상 자유가 부여되면 자유라는 그 자체에 불안을 느끼는 모순된 일면을 지니고 있다. 그야말로 '자유로부터의 도피'인 것이다.

한편 자유스러운 대학생활을 마치고 회사에 취직하게 되면 회사생활을 하지 않을 수 없으므로 긴장감을 갖게 되고 기대가 부푸는 것도 일순간, 자기도 모르는 사이에 규칙에 얽매이는 부자유스러운 생활이 계속되어 마침내는 그 부자유스러운 생활에 불만을 느끼게 된다.

이런 상황에서 3~4개월을 지내고 보면 회사를 그만두고 싶은 생각이 머릿속에 꽉 차게 된다. 결국 인간이란 관리당하는 것에도 불만을 갖게 되지만, 관리를 받지 않아도 불안해진다.

이와 같은 인간 심리의 모순을 깊이 관찰하면 리더나 상사의 스타일을 두 가지로 나눌 수 있다. 하나는 규칙을 방패로 부하들을 꼼짝달싹 못하게 조이는 규칙의 신봉자이고, 다른 하나는 규칙을 되도록 융통성 있게 적용시켜 부하 스스로가 자주적인 판단을 하도록 맡기는 스타일이다.

일반적으로 전자는 부하들로부터 별로 호감을 사지 못한다. 그리고 그 자신은 정년퇴직 후에 규칙이 없어진 생활을 하게 될 것에 대해서도 미리부터 겁을 먹는다. 그러나 후자는 전자에 비해 부하들로부터 호감을 살 수 있지만, 이 경우도 융통성과 판단력을 적절히 구사하지 못하면 오히려 부하로부터 신뢰감을 얻지 못하므로 상당한 노력과 분별력을 요한다.

6

무능한 사원은 무능한 리더가 만든다

남을 공연스레 매도하거나 비난하는 사람은 도덕적으로 좋은 인격의 소유자는 아니다. 좀 더 솔직히 말하면 도덕적 견지에서 뿐만 아니라 판단력이나 적응력, 지도력 등 사회적 능력 면에서도 결함이 있다고 할 수 있다.

이 같은 일은 공·사 간의 일로 기업인들을 만날 때마다 체험하는 것들인데, 그 중에서도 리더의 입장에 있는 사람의 인간적인 결함을 많이 발견할 수 있었다. 리더의 중요한 역할 중의 하나는 부하 육성이라는 소임이다. 부하를 육성한다는 것이 부하의 결점이나 장점을 구별하지 않고 모두 한결 같이 키운다는 것은 결코 아니다. 부하의 장점을 발견하여 그 장점을 훌륭하게 키워 주는 것이 부하의 육성일 것이다.

그럼에도 불구하고 많은 리더들은 부하의 장점을 발견하기보다는 결점을 발견하는 쪽에 더 신경 쓰고 있는 것을 볼 수 있다. 이런 리더들은 부하가 무능하다고 공격하거나 스스로 한탄하기 일쑤인데, 이것은 자기 자신이 부하의 장점을 발견하지 못하는 무능을 스스로 인정하고 있는 것이나 다름없다.

옛말에 목장지패木長之敗라 했듯이, 무능한 사원은 무능한 리더에 의해서 만들어지는 것이다.

조직에는 A라는 리더 위에 B라는 리더가 있게 마련이다. 그 리더와 리더 사이에도 위의 원칙이 통한다는 사실이 미국의 한 심리학자의 연구에서 밝혀졌다.

예를 들어, 한 회사에 수십 개의 부서가 있고, 거기에 각각 과장과 과장을 지휘하는 부장이 있다. 그런데 과장이 부하에게 자유스럽게, 그것도 자기의 판단 하에 일을 시키지 않고 심하게 간섭하는 방식을 취한 과장의 수가 고생산과高生産課에서 6명, 저생산과低生産課에서 11명이나 됐다는 사실이다. 그리고 이들 과장의 상사인 부장의 지도 방식도 하나같이 간섭형으로서, 과장의 지도 방식과 일치하고 있었다는 사실이다.

이 연구는 관계자의 관리 방식은 그 관리자 자신이 관리하고 있는 방식에 부하들이 영향 받기 쉽다는 것을 입증한 셈이다. 또 하나는 부하를 무능하다고 단정하는 리더는 그 자신도 자기 위의 리더로부터 무능자로 낙인찍혀 있었다는 점이다. 그래서 '무능한 과장은 무능한 부장에 의해 만들어진다'고 했고, '유능한 사원은 유능한 과장에 의해서 만들어지게 마련'인 것이다.

인간은 환경의 영향을 가장 민감하게 받는 생명체이다. 그 영향이 '세 살 적 버릇 여든까지 간다'고 할 정도가 아닌가. 따라서 인간은 되풀이해서 꾸지람이나 핀잔을 받으면 그 스스로가 무능한 것으로 좌절하고 만다.

일단 자기 자신이 무능하다고 생각하기 시작하면 실제로 무능해지는 수가 많은데, 이것을 심리학에서는 일종의 자기암시효과自己暗示效

果라고 부른다. 샐러리맨에 있어서 무능한 상사를 만난다는 것은 가장 불행한 일이며 비극적인 일이 아닐 수 없다.

문제의 해결은 상사의 유 · 무능을 간파하는 데 있다. 그렇게 상사의 유 · 무능을 판별해서 만일 무능한 상사일 경우에는 스스로 나서서 자기가 나아갈 길을 개척해야 한다. 이때 필요한 것이 강력한 도전의식이고, 평소에 갈고 닦아 두었던 실력이다. 그러므로 도전의식과 기본적인 실력은 언제든지 꺼내어 쓸 수 있는 칼처럼 가지고 다녀야 한다.

7

칭찬에도 테크닉이 필요하다

인간 행동의 바람직한 변화는 문제 행동에 대한 질타나 충고보다는 바람직한 행동에 대한 칭찬에서 일어난다고 한다. 칭찬은 강화로서의 의미가 아니라 긍정적인 자기 효능감이나 기대감이 높아지기 때문에 지속적으로 동기화된다는 점에서 매우 의미 있는 교육 수단으로 야기되고 있다. 칭찬이 교육적 의미가 이렇게 크다는 것을 알면서도 부모들은 자녀를 어떻게 칭찬해야 할지 막연해 한다. 그래서 이렇게 칭찬하다가 아이를 버릇없게 만드는 것은 아닌지 걱정할 때가 있다.

가정에서 자녀들에 대한 칭찬은 크게 세 가지로 구분할 수 있다. 자녀의 바람직한 행동을 지적하는 단순한 '설명적 칭찬'과 다음 행동을 더욱 고무시키는 '건설적 칭찬', 그리고 자녀의 마음속에 또 다른 부담을 주는 '파괴적인 칭찬'이 그것이다.

설명적 칭찬은 '이번 시험 잘 보았구나. 잘했다'처럼 긍정적인 행동에 대한 칭찬으로, 이는 자녀들의 자기 효능감을 높이기를 기대하기는 어렵다. 또한, 파괴적인 칭찬은 심리적인 부담감을 주는 까닭에 도리어 칭찬하지 않는 것보다 못한 결과를 초래할 수 있다. '이번 시험은 결과가 정말 좋다. 엄마도 행복하구나. 다음 시험도 잘 보자!'처럼 칭찬 후 그 행동을 지속적으로 반복해야 한다는 강한 부담감을 주는 경우다.

실제 이런 칭찬을 들은 아이들은 자기 효능감이 높아지기보다는 강하게 스트레스를 받는다고 한다. 건설적인 칭찬은, 칭찬을 하는 사람과 받는 사람 모두에게 만족스러운 결과를 가져오는 의미 있는 보상 기제로서 활용된다. '이번 시험 잘 보았는데… 아주 좋구나. 열심히 공부했구나!'처럼 행동 그 자체에 대해 칭찬하고 그에 따른 심리적 충족감은 혼자서 느낄 수 있도록 하는 것을 의미한다.

이는 스스로 만족을 느낌으로써 자기 동기화가 지속적으로 유지될 수 있는 매우 바람직한 교육법이다. 이를 잘 알면서도 가정에서 올바르게 이행되지 못하는 까닭은 무엇일까. 부모가 칭찬을 한 뒤 그에 따른 심리적 기대와 만족감을 자신들의 입으로 먼저 표현해 버리거나 같은 행동에 대한 일관적인 칭찬법을 지니지 못함으로써 심리적 전이가 일어나지 않기 때문이다.

그러므로 부모는 자녀를 칭찬할 때 건설적인 칭찬이 되도록 노력해야 하며, 자녀의 단점을 지적하기보다는 장점을 더더욱 살려 나가고 자기 효능감을 높이는 쪽으로 칭찬해야 한다. 이 경우 버릇이 없어진다거나 자신을 과대평가하는 경향이 높아질 것이라는 부모들의 걱정은 기우에 지나지 않는다.

올바른 행동만을 지적하는 칭찬은 지나치게 사랑하는 익애溺愛와 다르고 자신의 능력에 대한 평가와 자기 기대감이 높아지는 것이기 때문에 매우 좋은 교육 수단이다.

8

삶은 스스로가 계획하는 것이다

얼마 전 어느 신문사에 근무하는 제자가 지금 다니고 있는 직장이 마음에 들지 않아서 이직을 했으면 하는데 어디 좋은 곳이 있으면 소개해 달라면서 찾아온 일이 있었다.

해마다 졸업한 지 1년이 채 되기도 전에 이러한 제자가 4~5명씩은 나타나기 때문에 별로 놀라지는 않았지만 10년을 하루같이 이런 현상이 되풀이되어 일어나는 것을 보고 '기업이라는 조직 속에 뭔가 아직도 해결하지 못하고 있는 커다란 문제가 있음이 틀림없구나' 하고 나름대로 기업에 대한 생각을 고쳐먹은 일이 있다.

매일 아침마다 일어나서 조반을 먹는 둥 마는 둥 하고 만원 버스나 지하철 속에서 시달리며 회사에 출근하는 것은 무엇 때문일까? 옛날에는 '먹고살기 위해서'라는 한마디로 취업 목적론이 매듭지어졌지만, 회사에서 일을 하지 않고도 먹고살게 되어 있는 오늘날에 와서는 앞서의 말은 통용되지 않는다. 그렇다고 일하는 것이 재미있어서 그런가 하면 그다지 즐거워하는 얼굴로 일하고 있는 사람도 별로 없다.

사람마다 그 나름대로 회사에 다니는 이유가 있겠지만 적어도 기업으로서는 급료라고 하는 외적 동기 부여만으로 사람들을 회사에 붙들어 놓기에는 사정이 나빠졌다는 것을 알고, 흥미롭고 재미있게 일할 수 있도록 하는 방법을 생각할 때가 됐다고 본다.

특히 최근에 성행하고 있는 '사는 보람론'이라는 것이 바로 그것이다. 즉 '일 자체가 개인에게 있어서도 상당한 의미가 있다'는 것을 인식시켜 일한다는 것에 기쁨을 느끼게끔 하기 위해서 노동환경을 개선해 주자든지, 인간관계를 보다 원활하게 해 주자는 등 여러 가지가 있다. 그리고 '기업을 통해 번 돈은 되도록 공평하게 나누어 갖도록 하자. 따라서 우리 모두는 보다 열심히 일해야 할 것이 아니겠느냐'는 설득과 이해가 바로 그것이다. 말하자면 직장에서 일하는 모든 사람들에게 스스로 일하는 기쁨과 흥미, 책임감을 발견하게 하자는 것이 '사는 보람론'이다.

그러나 곰곰이 생각해 보면 이것은 인간의 마음을 컨트롤하려는 새로운 관리 사상에 지나지 않는다. '아니야, 아니야. 일하는 것도 인생, 즐겁게 일하는 것도 인생, 어차피 일할 거면 즐겁게 하자꾸나'라는 논리로서 기업은 미리 준비해 놓은 내적 동기를 내색하지 않고 자연스럽게 밀어붙이는 것이다.

원래 '사는 보람'이라는 것은 어디까지나 자기의 의지에 따라 자기 자신의 고유의 목적에서 생겨나고 또 신념화되는 성질의 것이다. 머슴에게 철따라 마련해 주는 옷과 같이 속이 들여다보이는 '사는 보람론' 같은 것으로는 인간을 감동시킬 수도 없지만 인간은 이런 것에 감동할 만큼 단순하지도 않다.

그런데 한 가지 안타까운 것은 거의 모든 사람들이 '사는 보람'을 회사가 부여해 주는 것으로, 또 부여해 주지 않으면 안 되는 것으로 착각하고 있다는 점이다. 자기 삶의 주체는 어디까지나 자기 자신이고, '사는 보람'을 느끼는 것도 자신이다. 따라서 '사는 보람'을 외부에서 찾으려는 것은 우매한 짓이다. 그것은 스스로 느끼고 스스로 판단하여 자신이 그것에 만족하면 되는 것이다. 이러한 판단이 자기중심에서 벗어날 때 '어디 더 재미있게 일할 곳은 없을까?' 하는 생각을 갖게 한다.

회사는 회사대로, 개인은 개인대로 잘 살고 못 사는 것을 남의 탓으로 돌리고 있는 한 인간생활은 결코 보람을 느낄 수가 없다.

9

자유는 부여될수록 그만큼의 불안이 따른다

학창시절 제멋에 겨운 생활을 하던 청년이 회사라는 곳에서 느끼는 고통 중의 하나는 출근 시간과 퇴근 시간의 규정을 비롯해 자질구레한 규칙과 잡다한 제도를 지키지 않으면 안 되는 일이라고 한다.

그들은 '십 년을 하루같이 고리타분한 규칙 따위에 매일 강요당하는 것은 인간성에 대한 모독이다'라고 불만을 토로한다. 그런 제약들을 완화해야 한다고 직장 동료들에게 호소하기도 하고 때로는 직접 상사에게 시정해 줄 것을 건의하기도 한다.

그런가 하면 앞에서 말한 바와 같이 적극적인 태도나 방법을 취하지 않고 규칙을 무시한 채 규칙을 꼬박꼬박 지키는 사람을 경멸하는 이상 성격자도 있다. 이들은 의식적으로 규칙에 따르는 것을 하나의 패배로 간주하는 경향이 있다.

하기야 규칙이란 것이 천편일률적이고 구태의연한 것들이 많은 것도 사실이다. 개중에는 공공의 질서를 지키고 유지하기 위함이라는 명목 아래 인간을 주물금형에 틀어박는 것과 같은 형식적인 것도 없지 않다. 이런 불합리의 모순을 개혁하려는 것은 상당히 바람직한 일이다. 그러나 그들이 싫어하는 규칙이나 규정을 모두 철폐하고 만다면 그들은 오히려 더 불안해하고 결국에는 자신의 행동에 자신이 없어 허둥대는 상황이 벌어지게 된다.

이 같은 논리는 규칙을 지킨다든지 집단 내의 규범에 따르려는 행위가 어떤 이유에서 이루어지는가를 알아보면 금방 이해할 수 있다.

규범을 지키는 몇 가지 이유 중 하나는 '사고思考의 절약' 또는 '에너지의 절약'이다. 즉, 규범에 동조하는 행위는 그 밖의 행동을 취하는 것보다 마음의 에너지 소모가 적어도 되는 장점이 있다. 바꾸어 말하면 규칙에 따르는 것이 규칙에 따르지 않고 자의로 행동하는 것보다 훨씬 심리적으로 부담이 적은데다 그 결과도 그만큼 편하게 느껴지게 된다는 것이다.

에리히 프롬의 명저 《자유로부터의 도피》에서 밝혀진 바와 같이, 사실 자유라고 하는 것은 인간에게 있어서 대단히 부담스러운 것이다. 《하나의 세계》라는 저서를 펴낸 W. L. 윌키의 말대로 '자유는 쪼갤 수 없는 단어'이다. 그만큼 절대적 가치를 지닌다는 뜻이다. 그 가치가 절대적이니 만큼 자유를 누리기 위해서는 대단한 각오와 책임이 따른다. 이처럼 자신의 행동을 자기 의사로 결정해야 하는 부담에 비한다면 규범에 따를 때 생기는 부담 같은 것은 문제도 되지 않는다.

많은 가능성 중에서 가장 바람직한 행동을 선택한다는 것은 대단히 어려운 일이기 때문에 인간은 누구나 마음의 에너지를 절약하기 위해 규칙 속에 안주하려 한다. 즉, 자유를 구가한 끝에 자유분방한 조건을 확보했다 하더라도 그 뒤의 처신이 매우 부자유스럽기 때문에 다시금 규범 속에 파묻히려 든다는 사실이다.

그것은 규칙을 싫어하는 것, 규칙에 얽매이는 그 자체가 아니라 자유의 고통을 이겨내지 못하기 때문에 편한 쪽을 택하려 드는 것뿐이다. 그런데 이런 유형의 사람도 막상 규칙이 해제되고 나면 마음의 자유를 얻기는커녕, 규칙이 없는 상태에서의 심리적 · 행동적 부담 때문에 되레 불안을 느끼게 된다.

지각을 예사로 하고 결근이 잦은 회사원일수록 사칙이나 사훈을 경멸하면서 자기야말로 '자유인간'인 듯이 과시하려 하는 경향이 있다. 그러나 이들이야말로 규칙 속에 안주하고 규칙에 얽매이는 것을 누구보다도 바라고 있는 피속박형의 인간들이다.

10

매너리즘의 포로가 되면 독창성이 사라진다

가스 중독으로 죽은 사람의 방에 들어가면 누구나 그 강렬한 가스 냄새에 놀랄 뿐 아니라, 왜 이 지독스런 냄새를 알아차리지 못했을까 하고 고개가 갸우뚱해진다. 이것은 인간의 감각적 순응성에 기인한 것으로 인간은 자기도 모르는 사이에 조금씩 환경 변화에 순응해 버리는 습성이 있기 때문이다. 그러다가 마침내는 변화 이전과 변화 이후의 차이에 전혀 개의치 않게 된다.

이와 같은 현상은 직장에서도 자주 일어나고 있다. 기업이나 공장을 방문했을 때 공장의 레이아웃이라 할 수 있는 업무를 하는 작업장의 배치가 잘 되어 있지 않은 곳을 종종 볼 수 있다. 이래가지고서야 능률이 오를까 싶은데도 그 속에서 일하고 있는 사람들은 그런 것을 전혀 의식하지 못하고 있다.

어제와 같이 오늘도 무사히 지내면 그만일 뿐 내일 같은 것은 염두에 두려고 하지 않기 때문이다. 일에 있어서도 일정한 리듬을 가지고 순조롭게 진행되면 달리 새로운 방법을 생각하려 하지 않는다. 이것이야말로 인간의 사고력과 판단력을 경직화시키고 고정화시켜 끝내는 매너리즘에 빠지게 하는 최대의 원인이다.

기업은 항상 일하는 사람의 모럴, 즉 진지한 삶의 경지에 접하려 하지만, 그 속에서 일하는 인간이 고착되어 있으면 기대한 것만큼의 효과를 얻기 어렵다. 그렇게 되면 결국 독창적인 아이디어가 생겨나지 않을 뿐 아니라 일 자체가 공허한 것으로 받아들여지게 된다.

어느 잉크 회사를 예로 들어보자. 이 회사는 일 년 내내 굵은 매직잉크가 잘 팔려 희희낙락하고 있다가 얼마 가지 않아 부도를 맞고 말았다. 이 회사는 소비자의 다양한 욕구를 잊어버리고 안일주의에 빠져 있었던 것이다. 다른 경쟁회사가 아주 선이 가는 매직을 개발 생산하는 바람에 시장경쟁에서 지고 만 것이다. 이것도 인간의 사고력이 경직된 나머지 매너리즘에 빠진 데서 생긴 실패의 한 예이다.

어느 직장에서 여사원의 헤어스타일이 조금 달라진 것을 보고 예찬하고 나섰던 직원이 있었다. 보통 이런 사람을 가리켜 경박한 성품을 가졌다며 혹평하게 마련이지만, 적어도 환경의 변화에 민감한 것만은 확실하다.

하기야 똑같이 느꼈더라도 입 밖에 내느냐 내지 않느냐는 그 사람의 성격에 따라 다르겠지만, 동료의 새로운 넥타이나 여사원의 달라진 헤어스타일조차도 아무런 감흥이 없는 사람이라면 그에게서 독창적인 아이디어가 창출되리라고는 기대하기 어렵다.

인간이 같은 환경 속에 오래 있다 보면 그 환경에 친화되어 낡은 것을 새것처럼 착각하고, 새것은 아예 경원하는 버릇이 생길 정도로 무감각해지게 된다. 예를 들어 사무실의 책상이나 소파 등의 자리를 가끔 옮겨놓거나 다른 집기의 위치를 옮겨 놓는 것만으로도 직장의 분위기가 새로워질 수 있다.

급진적 진보나 개혁까지 몰고 갈 필요는 없다 하더라도 전통 보수에서 진보적 보수로 탈바꿈하는 것도 나쁜 것은 아니다. 인간이란 어차피 어제의 나와 오늘의 내가 변화하는 것인데 연중 고립무원의 냄새나는 자리에서 시궁창처럼 매너리즘에 푹 빠져 살 수는 없지 않은가.

11
정신적인 안정감 속에 창조적 발전은 없다

사회적으로 인정받을 수 없는 욕구나 감정을 가지고 있을 때, 그것을 말과 행동으로 나타내면 비난을 받는다. 그것을 막기 위해 인간은 무의식적으로 그 욕구를 억압하여 정반대의 행동을 취하게 되는데, 이 심리적 메커니즘을 프로이트는 '반동형성反動形成'이라고 불렀다.

아주 인색한 사람이 허장성세로 뽐낸다든지, 섹스에 집착하고 있는 사람이 프리섹스를 절대 반대하며 도덕군자인 양 행세하는 것이 대표적인 예이다. 직장에서도 이 같은 사람들을 얼마든지 볼 수 있다. 직장에는 병적이라고 할 정도로 일에 열중하는 맹렬사원이 있는 반면 태만한 사원이 있다.

반동형성은 억압보다 한결 적극적인 '방어기제防禦機制'로서 일종의 도피에 가까운 형태라고 할 수 있다. 일에 흥미나 관심이 없는 사람이 비난이나 처벌이 두려운 상태가 지속되면 마침내 긴장이 정점에 달해 나중에는 역으로 칭찬이 기대될 만한 정반대의 행동, 즉 근면한 사원으로 탈바꿈하여 긴장을 해소하려 든다. 그러나 본심은 게으름을 피우고 싶은 욕구가 바탕에 깔려 있기 때문에 그 행동이 당연하게도 어색할 수밖에 없으며, 이율배반의 행동 속에서 생기는 스트레스의 강도가 높아지게 마련이다.

한편 회사의 경리계나 은행의 카운터 등에서 근무하는 사람 가운데 손님을 잔뜩 기다리게 해 놓고 잡담을 한다든지 공연히 시간을 끄는 얄궂은 사람이 있는가 하면, 돈을 몇 번이고 되풀이해 세어 보는 사람도 있다. 대개 이런 사람들은 '상동증常同症' 소유자라고 볼 수 있다.

상동증의 증상에는 장시간에 걸쳐 보기 드문 묘한 자세로 서 있는 '상동자세常同姿勢'와 뜻 모를 말을 되풀이하면서 투덜대는 '상동언어常同言語' 등 여러 가지 타입이 있다. 돈을 몇 번이고 되풀이해서 세어보는 경리계 직원의 예는 무의미한 행동을 되풀이하는 '상동운동常同運動'의 일종이라 할 수 있다.

이와 같은 증상은 여러 가지 정신질환에서 나타나는데 그 중에서도 정신분열증 환자에게 더 많다. 이 병리학적인 메커니즘, 즉 무의식적 방어라고 반드시 확증할 수는 없으나 일반적인 해석으로는 단순한 운동이나 행위를 반복함으로써 일종의 정신적인 안정감을 얻는 것으로 보고 있다.

인간이란 누구나 익숙해진 일을 되풀이하고 있으면 안정된 심리 상태에 있게 되지만 새로운 일에는 고통과 심리적 불안감이 뒤따르기 때문이다. 따라서 많은 사람들은 안정감이 앞서는 익숙한 일의 반복을 희망하고 그 속에 안주하기를 원한다. 그러나 이런 상태에서는 창조적인 발전을 기대할 수가 없다.

위에서 지적한 상동증 타입의 사람들은 '일에는 질質과 속도가 항시 요구된다'는 사실을 의식하지 못한다. 이것은 '반동형성'이나 '상동증'은 같은 성질의 열등의식에서 비롯된 것이다. 이 열등의식이 깊어질

수록 소속 직장에 대한 기여도는 상대적으로 얼마동안은 정상적이라 할 수 있다. 그러나 바로 그 시점이 회사 체제 정비의 기점임을 알아야 한다.

이런 의미에서 반동형성이나 상동증은 집단에 대한 하나의 적신호라 할 수 있다.

12

심인성心因性 질환은 강박관념에서 생긴다

어느 기업체의 한 유능한 과장이 갑자기 손이 떨리고 굳어 버려 마침내는 글씨조차 쓸 수 없게 되고 말았다. 또, 어느 중소기업의 차장은 어느 날 갑자기 귀가 들리지 않게 되더니 지금까지도 그 원인을 밝히지 못하고 병상에서 시달림을 받고 있다.

직장 속에서 생기는 이 같은 질병들은 정신적인 원인에 의해 일어나는 '심인성心因性 질환'으로 진단되고 있다. 앞서의 계장의 경우 의학적으로 손의 신경에 아무런 이상이 없고, 과장의 경우도 귀에 아무런 고장이 없었다. 그런데도 글씨를 쓸 수가 없고 귀가 들리지 않는 것이다. 시쳇말로 미치고 환장할 일이다.

그렇다면 이 같은 증상을 우리는 어떻게 받아들이고 대처해야 할 것인가. 혹자들은 꾀병이라고 하기도 하고 심리학에서는 '히스테리성 질환'이라고 부르기도 한다. 이것을 쉽게 이해하기 위한 예로서 전쟁신경증戰爭神經症에 대해 알아볼 필요가 있다.

제2차 세계대전 때의 일이다. 패색이 짙은 일본군이 강력한 미군의 반격에 봉착하여 안간힘을 쏟고 있었다. 그들은 정상적인 전투 수단으로는 미군의 반격을 당해 낼 수가 없어서 적의 전차를 폭파하기 위한 특공결사대를 편성하기로 했다. 그런데 그 대원을 뽑는 과정에서 지명된 병사가 갑자기 수족이 마비되면서 뒤로 벌렁 자빠지는 일이 생겼다. 당시의 일본군이란 난폭하기 그지없는 집단이라 '이 개자식아! 꾀병이지?' 하면서 마구 구타했지만 그 병사는 일어나지 못했다. 그들은 마침내 담뱃불로 손발을 지지는 등 갖은 방법을 다 써 보았지만 그 병사는 결국 본국으로 송환되어 병원에 수용되었다.

그런데 8월 15일, 종전終戰의 소식이 전해지자 그 병사는 씻은 듯이 멀쩡해졌다. 이것은 전쟁이라는 명령을 거부할 수 없는 극한 상황에서 자신의 의지를 결정해야 하는 압박을 받을 때 일어나기 쉬운 발작으로, 일종의 도피에서 일어나는 현상이다. 무의식적으로 마음속에서 어떡해야 할까 하고 걱정한 나머지 환자가 되고 마는 것이다.

앞에서 소개한 두 직장인의 경우도 알고 보면 일을 하고 싶지 않다는 불만 때문에 생긴 증상으로 보아야 할 것이다. 직장의 상사가 갑자기 잔소리를 한다든지 질책을 가할 때 일종의 구속감과 중압감에서 오는 욕구 불만이 생기기 쉬운데, 이것을 참을 수 없게 됐을 때 행동으로 나타내지 못하고 발작으로 변하는 수가 있다.

출근 전에 갑자기 배가 아프다든지 머리가 아프다든지 하는 경우가 이 같은 이치에서 오는 현상이라 할 수 있을 것이다. 반면에 이런 증세를 보이는 사람도 일주일 정도의 출장 명령을 받으면 원기 왕성한 사람으로 돌변하는 수가 있는데 그 일주일이 지나면 다시 증상이 재발되는 경우가 있다.

13

어리석은 사람은 회사와 가정의 구분이 없다

퇴근 시간이 다 되었는데도 좀처럼 일에서 손을 떼지 않고 있다가 일 보따리를 집으로 가지고 가려고 우물쭈물하는 사람이 있다. 그런 사람은 집으로 돌아가는 길에 동료 직원이라도 만나면 '오늘도 집에서 일하게 됐는걸. 이제 그만 싫증이 나네' 하다가도, 막상 집에 도착하면 '오늘도 집에서 일을 하게 생겼어. 바빠서 못 살겠는걸' 하고 아내에게 꽤나 격무에 시달리는 듯이 떠벌린다. 이 말을 들은 아내나 회사 동료들은 '회사가 개인의 자유시간까지 빼앗아 가면서 혹사시키는 구나'라고 생각할 것이 뻔하다.

어떤 회사는 집에 가서까지 일을 하게끔 혹사하는 면도 더러 있을 것이다. 그러나 그것이 회사만의 책임은 아니다. 당사자가 그것을 핑계로 스스로 혹사를 능사로 삼는 것은 아닌지 생각해 봐야 한다.

심리를 파악하기 위한 도구 중 하나로 '가나다라' 테스트라는 것이 있다. 이 테스트는 일본의 철도노동과학연구소에서 개발한 것인데, 테스트 용지에는 가나다라 문자가 무수히 많이 아무렇게나 쓰여 있다. 시험자는 이 중에서 가, 나, 다, 라의 4개 문자만을 골라서 사선으로 지워 나간다.

이 작업을 몇 번이고 반복해서 시킨 뒤에, 다음에는 역으로 네 글자만을 남기게 하고 나머지 글자들을 지우게 한다. 그때 시험자 중에는 최초와 같이 가, 나, 다, 라 글자를 지우고 마는 사람이 있다. 이 현상은 머리 회전의 유연성이 없는 막말로 무척이나 어리석은 사람에게서 나타나며, 이는 사태 변화에 적응하지 못하는 데서 경향이 원인이 되어 일어나는 현상이다.

다시 말해 머리 회전이 빠르지 못해 사태 변화에 적응하는 훈련이 덜 된 사람일수록 같은 행동을 계속하고자 한다는 것을 이 테스트는 입증하고 있다. 앞에서 언급했듯이 무사안일한 사람일수록 똑같은 일을 똑같은 환경에서 계속 하려는 경향이 높다.

일거리를 집에까지 가지고 가는 행동은 일하는 시간과 가정의 시간을 확실히 구분 짓지 못하는 데서 일어난다. 일을 하고 있을 때 생긴 마음가짐을 바꿀 수 없는 데서 생기는 현상인데 이러한 사람은 가정에서 회사로 장소를 옮겼을 때도 가정 문제를 잊어버리지 못하고 회사 일과 뒤범벅으로 만들어 놓을 확률이 높다.

속담에 '밖에서 묻은 먼지는 밖에서 털어 버려라'는 말이 있다. 즉 밖에서 할 일을 가정으로 끌어들이는 것도 문제가 되지만, 직장에서 속상한 기분을 가정에까지 끌고 들어와 집안 식구에게 화풀이하는 것은 더욱 바람직스럽지 못하다.

공자는 일찍이 '불천노不遷怒'라고 했다. 자기의 노여움을 남에게 옮기지 말라는 말이다. 일거리를 집으로까지 들고 돌아가는 사람 중에는 공연스레 애꿎은 여직원을 나무라는 경우도 있는데, 이때 여직원들은 다음과 같이 소곤댈 것이 분명하다.

'보나마나 어젯밤에 아내하고 싸웠을 거야'라고.

14

거짓을 일삼는 것은 태양을 손바닥으로 가리려는 것이다

당신의 직장 주변에는 이런 사람이 없는가? 어쩌면 당신이 그 당사자는 아닌가?

화려하면서 해맑은 인상을 주고, 옷도 언제나 화려하게 입기를 좋아하면서 젊어 보이려고 애쓰는 사람, 또한 장신구 하나하나에도 신경을 쓰는 스타일의 사람.

그런가 하면 별나게 여성적인 동작을 하는 사교적인 사람, 또 재주가 좋고 말을 잘하며 의도적으로 세련된 제스처를 쓰는 사람.

주위가 온화하고 아무 일도 일어나지 않으면 기분 좋아하다가, 뭔가 잘못된 일이 생긴다든지 자기 마음대로 안 되면 노골적으로 불쾌한 표정을 짓는 사람.

명예심이 남달리 강하고 허영심이 많으며, 자기에게 좋은 역할이 돌아오지 않고 조금이라도 언짢은 역할이 맡겨지면 어린아이처럼 불평을 일삼는 이기주의적인 사람.

그런가 하면 남의 얘기를 잘 옮기고 남의 일에 참견하기 좋아하면서, 사실보다는 부풀려서 말을 퍼뜨리는 침소봉대針小棒大 형의 사람.

누구한테도 지기 싫어하고 제멋대로 놀기를 좋아하며, 모든 사고와 행동의 기준이 자기 본위이면서, 유리할 때는 너그럽지만 불리할 때는 냉혹해지는 사람.

언제나 유명한 인사를 들먹이고 그와 면식이 있거나 깊은 관계나 있는 듯이 떠드는 사람.

한 번밖에 만난 적이 없는 사람일지라도 십년지기나 된 것처럼 떠벌리는가 하면 둘이나 셋밖에 없는 실력을 다섯이나 열쯤 있는 것처럼 과장하는 사람.

어딘가 엉큼한 구석이 있으면서 상사를 교묘하게 골탕 먹이는 사람.

조금만 칭찬해 주거나 치켜세우면 금방 해해거리는 사람.

거의 버릇처럼 자기 좋을 대로 하려 하고 또 그렇게 하기를 좋아하는 사람.

지금까지 험담만 늘어놓았지만 사실은 이런 것이 히스테리 성격자의 특징이다.

위에서 열거한 사람들의 특징은 유아기의 예의범절 교육과 관련이 있으며 욕구 불만에 대한 내성耐性이 낮은 데서 생긴 하나의 병적인 현상이다. 따라서 좋지 않은 얘기를 들으면 가슴이 답답해지고 재미없는 회의가 오래 계속되면 두통 증상을 느끼며 끝내는 안색이 파랗게 질려 버리고 만다. 거기에 자기를 실제 이상으로 돋보이게 하려는 욕구가 강하다 보니 거짓말까지도 서슴지 않는다.

명문대가의 출신인 양 가문을 속인다든지, 일류대학을 나온 듯이 거짓 행위를 하다가 들통이 났을 때 부끄러운 줄 모르는 것도 이들이 지니는 특성이다. 이와 같은 성격의 사람은 또한 자기가 무시를 받고 재능이 없는 것까지도 모두 상사가 무능하고 공평하지 못한 탓으로 돌리고 불평을 늘어놓는다.

이 같은 속사정에 그럴듯한 제스처를 가미해서 떠벌려대면 내막을 모르는 사람들은 액면 그대로 받아들이게 마련인데, 사실은 그것이 통했다고 믿는 본인에게 더 큰 문제가 내재되어 있다.

태양을 손바닥으로 가릴 수 있는 것은 자기 눈밖에 없다는 것을 모르니 그게 답답할 뿐이다.

15

위장은 진실에 대한 도전이다

생각지도 않았던 거금이 수중에 들어오면 갑자기 값진 옷을 맞추어 입는다든지, 금테안경과 금시계를 차는 등 거드름을 피우는 사람을 가끔 볼 수 있다. 몇 년 전만 해도 셋방살이에 벌이마저 시원치 않아 온 가족을 고생시키던 사람이 안하무인격으로 처신하는 것을 보면 아무리 제멋에 사는 인생이라지만 구역질 날 때가 없지 않다. 갑자기 땅값이 오르는 바람에 얼마 전까지만 해도 농촌에서 농사일로 고생하던 사람이 궁궐 같은 집을 짓고 자가용차를 몰고 다니는 것을 보면 인간심리가 얼마나 무서운 것인가를 실감케 한다.

직장에서 지혜나 능력도 별로 없는 사람이 연공서열年功序列에 따라 한층 지위가 높아지면 잘난 척하고 거드름을 피우는 경우가 있다. 어깨에 힘주어 봤자 누가 존경하는 것도 아니고 떠받들어 주는 것도 아닌데 그는 그것을 잘 모른다. 결국 그는 자기의 무능함과 인간 됨됨의 결함을 남에게 알려주고 있는 셈이다.

인간은 누구나 자기가 주위 사람들로부터 어떻게 평가되는가에 신경을 쓰며 살아간다. 그런데 실제는 그 사람이 자기 자신에 대해 가지고 있는 '자기 평가'가 주위 사람들에 대한 평가로 전류가 흐르듯이 통하는 법이다.

즉, 자기 평가의 내용을 표정이나 언동으로 나타냄에 따라 자기가 점거할 수 있는 위치나 취해야 할 태도를 주위의 관계 속에 심어 주게 되는데, 이때 자기 평가가 정당한 것이면 적합한 심리관계가 생기게 되고 또 상대도 그렇게 받아들이게 된다. 그렇지만 무능력한 사람이 능력 이상의 태도를 보인다면 주위로부터 호응을 받기는커녕 반발이나 부정의 반응을 사게 된다.

무능한 상사가 거드름을 피우는 것은 부하들로부터 소외를 당하거나 무시당할까봐 두려워하기 때문이다. 어두운 밤에 호젓한 공동묘지 부근을 지나게 되면 엄습하는 무서움을 털어내기 위해 큰소리로 헛기침을 하거나 노래를 부르는 것과 같은 이치다.

그것은 자기 자신의 평가와 주위 사람들이 내린 평가에 큰 차이가 있는 것을 알기 때문에, 낮은 평가가 두려운 나머지 의도적으로 거드름을 피움으로써 무시당하지 않으려고 저항하고 있는 것이다. 위선이 악덕이듯이 위장은 진실에 대한 무모한 도전이고 허세다.

두말할 것 없이 사회생활의 모든 것, 특히 샐러리맨의 평가는 업적을 중심으로 이루어진다. 자신감이 있다면 일부러 허세를 부리려 할 필요도 없고, 또 주위 사람들도 온당한 평가를 내려주게 마련이다.

황금만능 시대가 도래하면서 우리 주변에는 많은 변화가 생겨났다. 앞에서 지적한 일확천금의 사나이들이 허세를 부리는 것을 비롯해서, 여성들의 정도를 넘어선 사치 풍조와 남성들의 쾌락주의도 문제 중의 큰 문제로 부각되고 있다.

세계 각국의 유수한 기업체 내지는 그룹의 리더들의 옷차림이나 처신을 보면 어떤가?

그들의 복장은 유행이 지나도 한참 지난 것을 입고 있으며 특별한 경우를 제외하고는 값진 음식을 먹지도 않는다. 그들은 사업을 통해 인류에 봉사하며 기여하려 할 뿐 일신상의 영화만을 위해 일하는 것이 아니라고 생각하기 때문이다.

생각이 짧으면 행동이 경거망동하고, 지혜가 깊으면 추구하는 목표가 높고 큰 법이다. 겉으로 드러나는 바에 끌려가지 말고, 깊은 땅속에서 금맥을 캐듯 처신해야 한다.

16

이류 인간일수록 일류주의에 투철하다

무능한 사람들은 자신의 무능함을 수치스럽게 생각한 나머지 행동이 둔화되어 주위 사람들로부터 고립되고, 마침내는 노이로제에 빠져 방황하게 된다. 드물게는 노력으로 극복해 보려고 애쓰는 이들이 있지만 이것도 여의치 않다.

그런가 하면 유능하게 보이려고 교묘히 위장하는 소위 '척병환자'도 있다. 그들은 남들보다 굉장히 분주한 듯이 행동하는 경우가 많다. 책상 위에 서류를 잔뜩 쌓아 놓고 서류 속에 푹 파묻혀 사는 것처럼 위장하는 경우도 있고, 와이셔츠 소매를 걷어붙이고 이리 뛰고 저리 뛰면서 부산을 떨기도 한다.

그런가 하면 일이 바쁘다는 핑계로 정작 자기가 해야 할 일을 동료에게 떠맡기는 재주도 능하다. 그들은 자기가 맡고 있는 고유의 임무 외의 일에 열을 올리면서 그 방면에 실력을 키운다. 이를테면 골프라든지 마작 등의 오락도 그 범주에 속한다.

한 가지 재주가 있는 사람은 불가사의하게도 전혀 관계가 없는 분야의 일까지도 유능하게 보이려고 한다. 또 이런 부류의 사람들은 유능하다고 생각되는 사람들과 가까이 하려고 애쓰게 마련이다.

스스로도 무능하면서 정작 무능한 다른 사람에게는 관심이나 눈길을 주지 않는다. 유능한 사람과 가까이 지내려 하는 것은 그 자신을 유능한 사람으로 보이게 하기 위한 이미지 구성의 유효한 수단이기 때문이다.

그들은 하나같이 일류주의에 투철하다. 액세서리 하나부터 백화점이나 식당 등도 모두 최고급만을 선택한다. 이것도 자기 자신을 일류인간으로 부각시키려는 심리 작전의 하나이다. 이렇게 해서 만들어진 이미지는 아주 유능하고 세련된 듯이 보이는 착각을 갖게 한다.

시초가 어려울 뿐 부각된 이미지가 일단 정착되면 그 다음부터는 힘을 들이지 않아도 일류 행세를 하는데 부자연스럽지 않다는 것을 그는 누구보다도 잘 알고 있다. 아무리 치밀하게 조직화된 사회일지라도 허점은 있게 마련이다. 그들은 그러한 허점을 최대한 이용하는 귀재인 셈이다.

단체로 등산을 할 때면 가장 걸음이 늦은 사람을 위해 전체의 속도를 맞춰 조정한다. 낙오자를 만들지 않기 위한 수단이다. 집단은 항상 무능하고 뒤처지는 사람을 집단 속에 용해시켜 넣는 특성이 있다.

기업의 업무를 예로 들자면 시한부의 일이 많으므로 무능한 인간이 만들어 놓은 함정에 누군가가 빠지게 마련이다. 이때의 함정은 등산을 할 때의 보호적이고 상부상조적인 의미와는 전혀 다르다. 한 번 빠지면 헤어나지 못하는 특성이 있어 나락으로 떨어지지 않으려면 심리를 읽어야 한다.

직장생활의 세계를 심리전쟁이라고들 말한다. 이 심리전쟁에서 살아남으려면 어떻게 해야 하겠는가. 그것은 바로 상대의 본심을 꿰뚫어보는 독심술讀心術을 익혀 두는 방법밖에 없다.

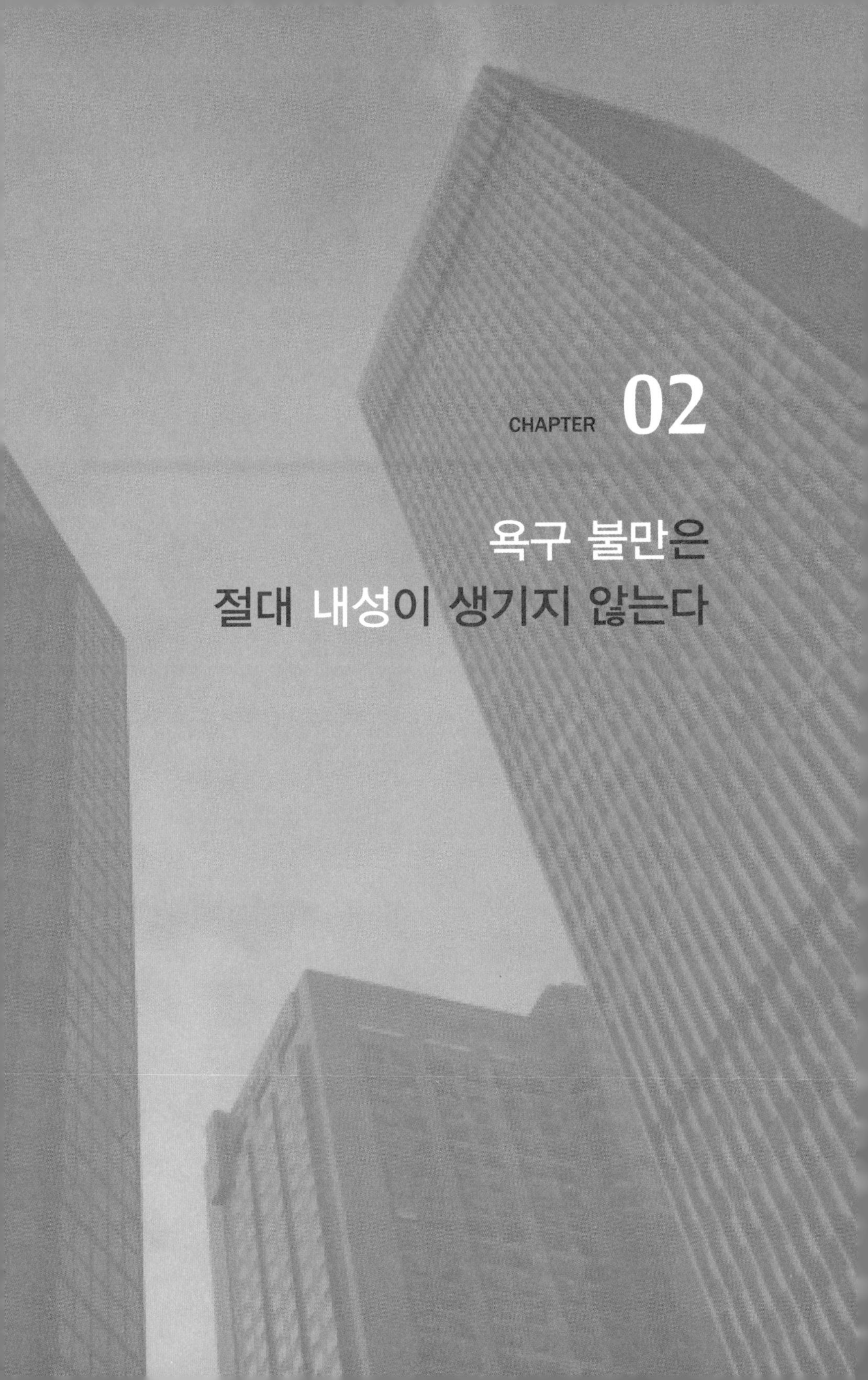

CHAPTER 02

욕구 불만은 절대 내성이 생기지 않는다

상대의 책임이나 실수를
정도 이상으로 비난하거나 공격하는 것은
자기 콤플렉스를 감추기 위한
심리의 표출이다

17
비판의 저의에는 욕구 불만이 있다

직장 안에는 소위 비판을 일삼는 직원과 그럴듯한 구실을 내세워 빈둥빈둥하는 까다로운 직원이 있게 마련이다. 그들 중에는 회사나 상사뿐 아니라 동료에 대해 줄기찬 험담과 비판을 일삼는 이들도 있다.

내용인 즉, '회사의 기구가 나의 능력을 죽이고 있다'거나, '우리 과장은 내 성격에 맞지 않는 일만 시킨다'거나, '저 녀석은 일류대학 나온 것을 코끝에 매달고 다닌다'는 등 실로 다양하다. 그런 비판대로 회사의 기구나 윗사람이나 동료들에게 전혀 문제가 없는 것도 아니다. 그러나 대개는 비판을 일삼는 그 사람들에게 중대한 문제가 숨겨져 있는 경우가 적지 않다.

욕구 불만이라는 것은 행동의 참된 동기를 숨기고 그럴듯한 구실을 붙여서 자기의 속마음을 남에게 알리지 않으려는 심리가 숨겨져 있다. 즉, 자기의 욕구가 충족되지 않을 때 상대를 비판함으로써 내적인 자기만족을 얻고자 하는 숨은 저의가 있다는 것이다.

프로이트는 이 같은 인간의 심리 메커니즘을 '합리화'라고 했다. 예컨대 상사가 부하 여직원을 농락하고픈 욕구를 가지고 있다 할지라도 그는 이 욕구를 충족시킬 수 없을 뿐 아니라, 그같이 파렴치한 행동을 입 밖에 내놓을 수도 없다 그 속셈을 사실 그대로 표면화하면 자아의 안정이 위협받게 되므로 그는 이 욕구를 억압하지 않으면 안 된다.

그래서 그는 '높이 평가할 필요 없는 여자야'라고 비판하거나 '저 여자는 매력이 별로 없어'라는 식으로 험담을 늘어놓아 자기의 참된 동기를 숨기게 된다. 즉. 자기기만의 논리를 찾아내 자기 자신을 납득시키고 그렇게 함으로써 자신의 안정을 얻으려는 메커니즘, 즉 '합리화'를 만들어 내는 것이다. 따라서 직원이 회사의 기구를 운운하는 것은 자신의 무능함을 인정하고 싶지 않기 때문이며, 자기 상사의 험담을 하는 것도 자기가 과장이 되고 싶지만 될 수 없음을 알고 심리적 반작용을 일으켜 안정을 얻으려는 것이다.

'합리화'의 이론을 그럴듯하게 나열해서 특정인을 비판하거나 특정 문제에 대한 비판을 듣고 있노라면 그들의 속마음을 포착할 수가 있다. 또한 그의 저의나 의도까지 읽을 수 있으며, 때에 따라서는 더러 귀 기울여 들을 만한 것들도 있다.

이런 '합리화'의 종류에는 여러 가지가 있다. 특히 반사회적인 욕구가 강할 때일수록, 즉 정치적으로 불안하거나 사회적 혼란이 있을 때 이 의도적인 메커니즘은 강하게 작용한다. 또 합리화는 자기의 욕구를 완전히 억압하지 않은 채, 오히려 참된 동기의 꼬리를 노골적으로 내비치는 특징을 보이는 때도 있다. 말하자면 행동의 의미를 변형시키고, 사회적인 도덕 관습에 합당하게끔 꾸미고 핑계를 붙여 위장하는 수법이 그것이다.

결국 이 같은 행위는 자신의 열등의식이나 좌절감 등의 반사작용이라고 할 수 있으며, 이 같은 심리적 상태에 빠져 있는 사람일수록 그

반응이 크다. 이와 같이 관찰하고 보면 포장마차에 앉아 동료나 상사의 험담을 해대는 샐러리맨을 마구잡이로 매도할 수만도 없다. 포장마차야말로 그들에게 있어서는 욕구 불만을 토로해 내는 가장 적당한 장소이며 기회이기 때문이다.

욕구 불만의 저의는 비판이라는 간판을 들고 나오는 속성이 있다는 것을 새겨둘 일이다.

18

욕구 불만은 아래로 전가된다

욕구 불만은 '대야 돌리기'라는 말이 있다. 직장에는 욕구 불만이 따라다니게 마련인데, 사장은 중역에게 고함지르는 것으로 이를 해소하고, 그러면 중역은 사장으로부터 질책 받은 울분을 부장에게 터뜨린다. 그리고 부장은 과장에게, 과장은 계장에게라는 식으로 욕구 불만이 밑으로 전가되어 간다.

급기야 맨 밑바닥인 직원에게까지 오게 되면 평사원은 이것을 집에 가지고 가서 자기 아내에게 쏟아 놓는다. 그러면 아내는 참다못해 어린애들에게 화풀이를 하게 되고, 어린애들은 애꿎은 강아지에게 발길질을 하는 야단법석을 떨게 된다. 그렇다면 강아지는 그냥 참고만 있어야 하는가. 화가 치민 강아지는 마침내 사장을 물어 버림으로써 그 나름의 화풀이는 일정한 경로를 따라 돌게 된다.

실없는 얘기 같지만 실제 있을 법한 일이다. 그래서 욕구 불만의 '대야 돌리기'는 어느 시점에서 단절시켜야 할 필요성이 있다. 직장 안에서 욕구 불만을 '대야 돌리기' 식으로 마구 돌리다 보면 언젠가는 폭발하지 않는다는 보장이 없다. 기업이 가장 경계해야 할 일이 바로 이것이다. 따라서 욕구 불만의 악순환을 사전에 예방하는 조치가 필요하다. 이것이 바로 모범적인 관리이다.

미국의 한 경영학자는 모범적인 관리자에 대해 정의하기를 '직장에서의 욕구 불만을 자기 내부에서 처리하고, 부하를 향해 발산하지 않는 인물'이라고 말한 바 있다. 이런 까닭으로 유수한 기업은 사원 간의 욕구 불만을 적절히 소화해서 완충시키는 모범 관리자나 모범 사원을 배출하려 하지만 여기에도 문제는 있다. 즉, 모범 관리자나 사원도 인간이기 때문에 감정적인 문제나 참기 어려운 문제가 하나둘이면 모를까, 계속 적체되다 보면 그도 참아 넘기기가 어렵게 된다.

결국 내부의 울분을 토해 내기 위해 술과 여자를 찾게 된다. 그렇다고 모두가 술과 여자에게 접근할 수 있는가 하면 그렇지도 못하다. 아주 작은 분출구도 확보하지 못한 사원은 자연히 가정 쪽으로 분출구를 돌릴 것이 뻔하다.

욕구 불만은 풍선과 같아서 한쪽을 누르면 한쪽이 부풀어 오른다. 이때 내압을 이겨내지 못하면 약한 곳이 '펑'하는 소리와 함께 터지면서 풍선 안의 에너지가 한꺼번에 밖으로 밀려나오게 된다. 흔히 모범적인 사원과 모범적인 가장과는 양립될 수 없다고 한다. 그러나 이렇게 생각하면 다소 이해할 수 있다.

19

적재는 적소가 만든다

점심시간, 커피전문점에서 젊은 사원들을 모아놓고 자기가 맡고 있는 일이나 지난날에 한 일에 대해 자랑을 하고 있는 노년의 사원을 볼 때가 있다. 이야기를 들어 보면 대단한 수완가인 것처럼 느껴지기도 하는데, 젊은 사원 중에는 존경과 선망의 눈길을 보내는 이도 있다. 그러나 사실은 지나간 추억담에 열을 올리는 사람일수록 현실의 세계에서는 욕구 불만에 빠져 있는 경우가 많은 법이다.

이런 노년 사원은 승진의 기회를 포착하지 못했거나, 변화해 가는 상황에 적응하지 못했던 지난날의 쓰라림을 적당히 미화하고 있는 경우가 대부분이다. 인간에게는 외부로부터 여러 가지 압력에 의해 욕구 불만에 빠져 있을 때, 자신을 과거로 환원시킴으로써 그 중압감을 감소시키려는 정신적인 메커니즘이라고 할 수 있다.

프로이트는 이것을 '퇴행退行 현상'이라고 했다. 어린아이의 경우 동생이 생겨 어머니의 관심이 동생 쪽으로 옮겨 갔을 때, 공연히 투정을 부리거나 잠자리에서 오줌을 싸는 등 안하던 행동을 하는 것이 바로 전형적인 '퇴행 현상'이다.

어른의 경우도 과거에로의 도피라든지, 원시적인 공격 태도, 거부 반응 등 여러 형태의 사람과 어울리는 것을 기피하는 일, 동정 또는 보호를 기대하는 심리, 범죄 또는 반사회적인 행위자를 예찬하는 따위의 행위가 모두 '퇴행 심리'의 결과라면 놀랄 것이다.

특히, 조세형 사건을 놓고 대도니, 의적이니 운운하는 것이나 보험금을 타서 빚을 갚겠다고 남편을 독살시키고 아들까지 끌어들이는 사건에서 두려운 사회적 '퇴행 심리'를 느낀다.

그런가 하면 실수인 척하면서 상사의 자리에 앉는다든지, 출세 경쟁에서 한 걸음 앞선 동료의 이름을 현재의 직함으로 부르기 보다는 옛날 직함을 그대로 부르는 따위의 행위도 '퇴행 심리'의 소산이다. 이와 같은 사람을 그가 원하는 자리에 앉힌다면 적재로서 그 능력을 십분 발휘할 수 있는가 하는 문제에 대해 긍정적인 견해와 부정적인 견해가 있다.

긍정적인 견해로는 될 수 있다는 것이고, 부정적인 견해는 될 수 없다는 판단에 기인한다. 그러나 그 사람이 그 자리에 앉아서 그 자리의 책임자답게 처신한다면 긍정적인 견해대로 될 수도 있다. 건강한 듯이 행동하면 실제로 건강해지는 수가 있고 건강이 좋지 않은 듯이 행세하면 실제로 환자와 같이 보이는 것이 인간이기 때문이다.

미국의 한 군사연구소에서 하사관의 흉내를 내게 한 병사와 그렇지 않은 병사를 비교했는데 하사관의 흉내를 내게 한 병사 가운데서 실제로 하사관이 된 일이 많았다는 유명한 보고가 있다.

즉, 인간이란 어떤 역할을 부여하면 생각하는 방법이나 느끼는 감각, 행동 방향까지도 그 역할에 의해 영향을 받게 마련이다. 이것은 일종의 자기 과시 효과이면서 마음 가지기에 따라서 인간은 변화될 수 있다는 예를 여실히 보여준다. 이렇게 보면 적재適材라는 것은 태어날 때부터 타고나는 것이 아니라 적소適所에 의해서 만들어지는 것임을 알 수 있다.

오랫동안 과장으로 있던 사람이 부장이 되고 나서 뽐내는 것은 그 지위가 그렇게 만드는 것이지 결코 사람이 달라졌기 때문은 아니다.

인간은 환경에 약한 동물임을 새겨 둘 일이다.

20
욕구 불만은 반드시 터지게 된다

사원들의 욕구 불만을 해소시키기 위한 수단으로 다음과 같은 방법을 택한 회사가 있다. '자기 치료실'이라는 방에 사장 이하 부장, 과장 등의 사진을 걸어 놓은 후, 그 아래 볏짚으로 인형을 만들어 세워두고 한 편에는 목검, 야구방망이, 복싱 글러브, 샌드백 등 여러 가지 기구를 놓아두었다.

사원들은 이 방에 들어가 마음에 드는 도구를 가지고 볏짚 인형을 가격하거나 발길로 차는 등 마음대로 스트레스를 푼다. 그렇게 함으로써 상사로부터 들은 꾸중에 대한 분노를 씻어내는 것이다. 이것은 욕구 불만을 해소시키는 데 있어 아주 적극적인 방법이었다. 인간의 욕구 불만은 풍선과 같아서 어느 한쪽에 압력이 가해지면 다른 한쪽의 내압이 부풀어 오르다가 일시에 폭발시키고 나면 압력이 떨어지게 마련이다.

결국 상사의 사진 아래 놓인 볏짚 인형을 가격함으로써 마음속의 응어리를 풀게 하자는 것이 '자기 치료실' 설치의 중요 목적이다. 욕구 불만의 에너지 역시 자연계의 에너지와 같이 '불멸의 원리'에 지배된다. 즉, 전기에너지가 열로 바뀌는 것과 같이 형태는 바뀌어도 총량에는 변화가 없다. 따라서 어딘가에서 에너지를 발산시키면 다른 한쪽의 욕구 불만이 감소되게 마련이다.

욕구 불만의 해소책은 다음과 같은 방법으로 연구되고 있다.

첫 번째는 신체운동에 의한 에너지의 발산이다. 그리고 두 번째는 언어운동에 의한 에너지의 발산이다. 이를 테면 불만을 직접 말하게 해서 해소책을 찾는 방법이다. 세 번째는 심리운동에 의한 에너지의 발산이다. 이것은 아주 재미있는 형태로 나타난다. 돈을 흥청망청 쓴다든지, 음식을 포식한다든지, 토론 등을 통해 불만의 에너지를 발산시키는 것 등이다. 남편에 대해 불만을 가진 아내가 어느 날 갑자기 저금통장에서 돈을 몽땅 찾아서 기세 좋게 써버리는 경우가 바로 이러한 예다.

회사 내에서도 수입에 비해 지나치게 낭비를 일삼는다든가 음식을 자신이 좋아하고 맛있는 것으로만 먹어치우는 소위 대식가들을 볼 수 있다. 또 주위 사람이 놀랄 정도로 활동하는 활동가도 가끔 눈에 띈다. 이런 부류의 사람들은 대개가 어떤 방법으로든지 발산하지 않으면 안 될 정도의 욕구 불만을 가진 사람들일 가능성이 높다.

동료들에게 정도 이상으로 한 턱 내는 것을 즐겨 한다든지, 선심 공세가 빈번한 사람도 결국 자기가 맘먹은 바를 성취하기 위한 행동이라고 보아도 무방할 것이다. 이 같은 행위를 하는 사람이 반드시 통이 크다든지, 선천적으로 활달한 기질의 소유자는 결코 아니다. 그것은 걷잡을 수 없는 욕구 불만을 낭비함으로써 통이 커 보이게 하려거나 엉뚱한 일을 저질러 남들과 차별화함으로써 나는 강하다는 것을 보여주기 위한 반응이다.

21

내향성의 사람일수록 폭발 가능성이 크다

부녀자를 폭행하는 등의 몹쓸 짓을 저지르는 범죄자 가운데는 의외로 음담패설에 얼굴을 붉히는 등 천진스럽게 보이는 이들도 있다. 우리는 이런 경우 흔히, '보기와 다르다'는 말로 평가하곤 한다. 따라서 '평소에 그토록 얌전했던 사람인데……'라는 말이 정해진 듯 나오게 된 것도 무리가 아니다.

여대생을 유괴하여 살해한 범인을 검거하고 보니 평소에는 고지식하고 얌전했던 식당의 요리사였고, 양친을 금속 배트로 때려죽인 범인이 평상시에는 이웃 사람들에게 예의 바른 얌전한 모범 청년이었다. 그런가 하면 숨 쉴 틈 없이 사람들로 가득 찬 출근 지하철 속에서 여성에게 접근하여 치근덕거리는 상습적인 치한도 알고 보면 대기업의 엘리트 샐러리맨인 경우가 의외로 많다. 또, 상점에서 물건을 사는 척하면서 슬쩍 훔치는 여성 가운데 부유한 가정의 부인이 많다는 통계도 이를 뒷받침한다.

경마장이나 경기장 같은 사람이 많이 모인 곳에서 폭동을 유발시키거나, 장내를 소란하게 만드는 데 촉매 역할을 하는 사람의 대부분이 평소에는 말도 잘 하지 않던 얌전한 사람들이라는 사실도 우리를 놀라게 한다.

특정한 사건이 일어났을 때 의외의 인물이 사건의 주역으로 등장하는 경우를 우리는 흔히 보아 왔다. 그렇다면 그 원인은 무엇인가?

그것은 평소 열등의식을 가지고 있던 심약한 사람이 집단의 일원이 되었을 때, 갑자기 자신이 강력한 힘을 가진 것처럼 착각하는 것이 그 원인 중의 하나이다. 즉, 쌓이고 쌓였던 욕구 불만을 일시에 토로하는 기회를 그런 식으로 찾는 것이다.

직장 안에서도 평소에는 예의 바르고 얌전한 사원이 느닷없이 큰소리를 친다든지 격렬한 행동을 하는가 하면, 경우에 따라서는 상사를 두들겨 패고 사표를 내던지는 따위의 극단적인 행동을 하기도 한다.

인간이라면 말을 하게 마련이지만 너무 말이 없는 사람, 즉 내향적인 사람에게는 욕구 불만의 분출구가 없게 된다. 이와 같은 유형의 사람일수록 욕구 불만의 에너지가 내부에 축적되어 그 한도가 일정 선에 도달하면 앞뒤 가릴 것 없이 폭발할 가능성이 크다.

그 욕구 불만의 에너지는 여러 형태로 처리된다. 그러나 가장 간단하면서도 유효한 수단은 뭐니 뭐니 해도 말로 토로해 버리는 방법이다. 그러나 내향적인 사람은 이것이 불가능하기 때문에 작은 문제에만 부딪쳐도 욕구 불만의 뇌관에 불을 그어댄 것과 같은 상황이 되어버리는 것이다.

직장에서 평판이 좋고 신실하다고 믿었던 사원이 예상치 않은 사건을 일으켜 개인은 물론 회사까지 곤란을 겪게 하는 사례를 볼 때 인간의 욕구 불만이 얼마나 무서운 것인가를 알 수 있다. 결국 이런 일들은 조직의 테두리 속에서 억압당하는 사람들이 일으키는 돌발적인 행동들이라고 할 수 있다. 이런 점을 볼 때 조직 내부에서의 욕구 불만 해소는 조직관리에 있어서 무척이나 중요하다.

22
불안이 클수록 현실을 도피한다

구로사와 아키라의 영화 《산다》를 보면 30여 년 동안 한 직장에서 근무한 충직한 직장인이 갑자기 암 선고를 받고 얼마 남지 않은 나날을 어떻게 살 것인가를 궁리하던 끝에 전혀 새로운 현실에 눈을 뜨는 장면이 나온다. 그 중에서도 인상적인 것은 그가 태어나서 처음으로 자기 의지로 무단결근을 하고, 한 번도 가 본 일이 없었던 유흥가에 뛰어 들어가는 부분이다.

그는 그렇게 실컷 흥청망청하게 지낸 후 회사에 출근을 했다. 그런데 자신이 오랫동안 결근했는데도 회사에는 아무런 지장 없이, 평상시와 똑같이 업무가 순조롭게 진행되고 있었다. 그는 여기서 큰 충격을 받고 당황한다. 그래서 '나는 일생 동안 무엇을 했는가?', '나라는 존재는 어떤 것이었나?'에 대해 사려 깊게 생각하게 된다.

사람들은 가끔 '일은 생활의 수단에 지나지 않는다. 놀고먹을 수만 있다면 그보다 더 좋은 일은 없을 것이다'라고 말한다. 이 영화의 주인공처럼, 인간에게서 노동이라는 것을 떼어버린다면 인간은 과연 어떤 형태로 남게 될 것인가?

이 영화에서 주인공은 자기가 하던 일조차도 자기의 존재 유무와는 관계없이 또 다른 누군가에 의해 멈추지 않고 돌아가고 있다는 것을 알고 한없는 무력감에 빠진다.

'인간에게서 노동을 빼앗고 나면 과연 어떻게 될까?'

이에 대한 해답이 될 만한 재미있는 일례가 있다.

일을 태만히 하는 사람에게 제재를 가하기 위해 며칠 동안 아무 일도 시키지 않고 특별실에서 놀게 내버려 두었다. 그 방에는 온갖 오락기구가 있을 뿐 아니라 무엇을 해도 무방하다는 사실을 인지시켰다. 그러나 단 한 가지, 일하는 것만은 금지시켰다. 며칠 동안은 신나게 놀았지만 그 고비가 지나고 나니 그 사람은 견딜 수 없는 불안에 빠지고 말았다.

인간이란 노동을 하지 않으면 인생의 무료함을 느끼고 그에 앞서 '과연 어떻게 살아갈 것인가?'라는 불안과 공포에 떨게 마련이다. 표면적으로는 일에 열중할 뿐더러 그 일을 통해 보람을 찾는 것처럼 보이는 사람 가운데도 실은 일에 대해 커다란 불만을 가지는 경우가 적지 않다.

이것은 인간의 방어기능의 하나인 심리 과정으로 '현실도피'라고 하는 메커니즘이 작용하기 때문이다. 즉, 인간은 적응이 곤란한 상황 아래서는 심한 불안에 휩싸이게 되는데 그런 불안 때문에 무의식중에 그 상황과 직면하는 것을 피해 직접 관계가 없는 다른 행동으로 마음을 집중시켜 불안을 경감시키려는 것이다.

예를 들어 일부 학생 가운데는 시험 문제를 풀 수 없으면 해답과는 전혀 상관없는 것을 장황하게 써내는 경우가 있다. 이것 또한 현실 도피의 일례이다. 그 결과가 어떤 것인지를 알면서도 숨 막힐 듯한 시험

장의 압박감을 견딜 수가 없어 그런 행동을 하는 것이다. 학교에서만 이 아니라 사회의 최소 집단이라고 하는 가정에서도 아내와 남편, 어린아이와 어른들 사이에 일어날 수 있는 한 단면이다.

중대한 불안을 가진 사람일수록 그것과는 관계없는 엉뚱한 일에 열중하는 경우가 종종 있다. 이것은 현실이라는 거대한 괴물과 정면으로 맞닥뜨리는 것을 두려워하는 심리다. 이런 증세가 심화되면 결국에는 병으로까지 발전하는 수가 있으니 경계해야 한다. 역설적으로, 현실에 적극적으로 대치하면 불안감을 해소시킬 수 있다는 이야기도 된다.

23

불만과 비난은 자기 파탄의 징조다

직장인 세 사람만 모이면 회사에 대한 불만이나 상사에 대한 험담을 늘어놓는 것은 으레 있는 일이다. 그런데 문제는 그들이 직접 회사나 상사에 대해 불만을 토로하지 못하는 울분을 험담이나 욕설을 통해 해소하고 공감을 얻으려는 소아병적인 마음가짐이나 행동에 있다.

사실, 어떤 집단이든 개인의 욕구가 억압당하는 여러 가지 장해물이 있게 마련이다. 부하 직원들의 감정 따위는 아랑곳하지 않고 자신의 출세에만 연연하는 상사가 적지 않음을 볼 때, 그냥 지나쳐 버릴 수만도 없는 노릇이다. 그렇다고 불만의 원인이 회사나 상사의 책임일 수만은 없다. 자기 스스로에게 시선을 돌려 한번쯤 자신을 냉철히 점검해 볼 필요가 있다.

많은 봉급생활자들이 투덜대는 것 중의 하나는 임금에 대한 불만이다. 사실은 자기가 하고 있는 일에 대한 불만을 급료가 낮다는 것에 결부시키고 있는 경우가 적지 않다.

스웨덴의 한 학자가 200명의 여종업원을 직접 면담 조사한 바에 따르면, 일에 열의가 없는 종업원일수록 급료에 대한 불만이 컸다. 그녀들은 자기들이 일에 흥미를 가지지 못하는 것은 급료가 싼 때문이라고 말하고 있지만, 실은 일에 대한 불만을 저임금에 결부시켜 자기위안을 하고 있는 데 지나지 않는다는 사실로 밝혀졌다.

또 다른 조사에서도 자신이 하고 있는 일에 열의가 없는 사원일수록 급료의 많고 적음에 보다 깊은 관심을 가지고 있다는 통계가 밝혀졌다. 그렇다면 그들이 불평하는 것만큼 급료를 올려 준다면 일에 대한 흥미를 가질 수 있을 것인가도 생각해 볼 일이다.

급료가 높아졌다고 급작스럽게 일에 대한 열의와 흥미가 높아지겠는가? 그것은 속단이다. 직장에서의 여러 불만은 급료만으로 해소될 만큼 단순하지가 않다. 급료의 불만은 기업이라는 거대한 기구가 가해 오는 압력에서 어떻게든 피해 보려는 반사적 표현이라고 할 수 있다.

일반적으로 심리적인 압박감으로 나타내기 힘든 불만은 간접적으로 다른 불만에 전가시키기 쉽다는 논리다. 예를 들어, 아내의 용모에 불만을 가진 남편이 아내의 요리 솜씨가 나쁘다든지, 집안 살림에 서툴다고 불평하는 예가 그 하나라 할 수 있다. 역으로 남편의 섹스에 불만을 가진 아내가 남편이 하는 일에 대해 과소평가한다든지, 매사에 못마땅하게 비난하는 것도 같은 예라 할 수 있을 것이다.

이것은 조만간 위기가 닥쳐 올 징조다. 그리고 끝내는 파탄의 늪에 빠질 확률이 높다. 만약 급료가 적다고 불평하는 직원이나 동료가 있다면 임금 인상을 노동조합에 의탁하기 이전에, 우선 일의 본질을 이해하려고 노력하는 편이 어떨까?

대폿집에서의 술안주는 상사에 대한 험담이 최상이라고 할 정도로, 술자리에서는 으레 상사에 대한 험담이 나오게 마련이다. 그러나 그 욕이 결국 돌고 돌아 자신에게 돌아온다는 사실도 알아야 한다.

24

불평 불만은 결코 의타적인 방법으로 해결할 수 없다

기업의 직원관리에서 최대의 과제는 어떻게 하면 일하는 사람들에게 '사는 보람'을 안겨 주느냐 하는 것이다. 이 문제는 시대에 관계없이 지금도 해답을 얻기 위해 골몰하고 있는 대목이다.

이 과제를 해결하는 하나의 지침으로 미국의 심리학자 핫 버크의 《동기를 부여한 정신 위생관리》가 세상의 주목을 받은 적이 있다. 그는 일하는 사람들을 대상으로 두 개의 질문을 던졌다. 그 하나는 '일을 하는 데 있어서 어떤 때에 만족을 느끼는가?'였고, 다른 하나는 '어떤 때에 불만을 느끼는가?'였다.

그는 전자의 질문에 대해, 일을 완전히 끝냈을 때 자신이 느끼는 뿌듯한 감정이나 일의 성과, 그리고 사람들로부터 받는 평가와 일에 대한 스스로의 책임감을 '만족 요인'이라고 했다. 그리고 후자의 질문에 대해서는 회사의 경영 방침이나 기술관리, 급료, 상사와의 인간관계 등을 요인으로 제시하면서 이것을 '불만 요인'이라고 제시했다.

이 두 가지 요인은 내용면에서 전혀 다른 것으로, '만족 요인'은 일 그 자체에 관한 것이었고, '불만 요인'은 일을 하는 작업장의 환경이나 조건 등을 들었다고 한다. 바로 이것은 '불만 요인'이라고 말하는 것을 아무리 개선한다 해도 결코 '만족감'에 도달할 수 없다는 중요한 문제점을 안고 있다는 지적이다.

직원들이 임금이나 상사와의 인간관계 등을 불평하는 이유에 대해 그가 내린 결론은 기업 입장에서의 요점과 다르지 않았다. '일 속에서 사는 보람을 찾아내지 못하는 한 불평, 불만은 있게 마련이다'라는 것이다. 결국 노동조건을 개선하여 직원들의 의욕을 불태우게 한다는 단순한 발상으로는 인간이 일하는 보람을 느낄 수 없다는 사실이다. 이것은 사용자 측의 관리 방식에 대한 지적이지만, 동시에 회사에 불만을 느끼고 있는 사원 측에도 시사하는 바가 크다.

핫 버크가 말하는 노동을 위한 환경조건은 회사의 환경이나 노동 조건만을 의미하는 것은 아니다. 한마디로 자기 아내나 가정에 대한 불만을 가지고 있는 사람은 냉 · 온방이 잘 되는 고층 빌딩이나 남보다 많은 급료, 점심 후 휴식시간에 음료수를 제공하는 미모의 여사원 등의 조건을 결코 일하기 좋게 만드는 환경조건으로 받아들이지 않는다는 것이다.

뿐만 아니라 그들은 자신들이 안고 있는 불만에 눈뜨지 못하고 보다 안락하고 설비가 좋은 호화 빌딩, 보다 높은 급료, 보다 아름다운 미녀 사원을 원하면서 계속 불평을 하게 마련이다.

따라서 직장인들에게 있어서 필요한 것은 회사와 자신, 또 가정이 별개의 것이긴 하나 공동운명체임을 자각하는 것이다. 작은 불평이나 불만은 보다 크고 엉뚱한 욕구 불만의 변형이라는 사실을 알아야 한다. 불평이나 불만은 결코 타인에게 의지해서 해결되는 것이 아니다. 스스로 극복하고자 노력할 때 비로소 극복될 수 있는 것이다.

25

피해자 의식은 가해자 의식의 반전이다

예를 들어, 의붓자식에 대한 증오감을 가지고 있는 의붓어머니가 의붓자식이 자신에 대해 적의를 품고 있다고 느끼고 남에게 의붓자식의 험담을 늘어놓는 경우가 있다. 이같이 사람에게는 자기 자신이 사회적으로 바람직하지 못한 욕구나 감정을 가지고 있으면 타인도 자신의 욕구나 감정을 동일하게 갖고 생각해 주기를 바라는 경향이 있다.

이것은 투영投影 심리로, 무의식적 방호수단으로 연대의식을 가지려는 속성이다. 즉, 자기가 생각하고 있는 바람직스럽지 못한 욕구와 감정으로부터 자신을 지키기 위해, 다른 사람도 자기와 같은 감정을 가지고 있을 것이라고 생각해 버리는 일종의 연대적 방위행동防衛行動인 것이다.

직장에는 '나는 열심히 일하고 있는데도 상사는 내가 고생하는 것을 몰라준단 말이야'라거나 '나는 상사에 대해 호감을 가지고 있는데 상사는 나를 미워하는 이유가 뭐지?'라고 떠벌리는 사람이 있다. 이 같은 언동 속에는 영락없이 투영 심리가 작용하고 있다. 또한 투영 심리에 사로잡힌 사람은 사사로운 일에도 극단적으로 비판을 일삼는 경우가 있다.

예를 들어, 지배 욕구가 강함에도 불구하고 사회적으로 억압되고 있는 사람이 타인으로부터 지시를 받는다든지 지배를 당하면 그것에 대해 과민 반응을 나타내거나 지배적인 사람의 태도를 비판하면서 강하게 반발하는 경우다. 즉, 자기 자신이 할 수 없는 욕구와 감정을 보다 확대시키고 물고 늘어지는 것으로 자기를 드러내는 공격적인 태도를 취하는 것이다. 그리고 이런 경우, 비판이나 비난은 병적이라 할 수 있을 정도로 철저해지기도 한다.

증오나 지배욕 이외에 투영되기 쉬운 심리로는 이상 성욕, 부정직不正直, 불성실, 포악 등의 심리적 메커니즘이 있다. 경우에 따라서는 반도덕적 범죄형이라고 낙인찍힐 정도로 포악한 위장자도 있다. 또, 직장 내에는 자기의 부주의나 무능, 실패 등을 다른 사람의 탓으로 돌린다든지 회사의 탓인 양 전가하려는 사람들이 생각보다 많다.

보통 '책임 전가'라고 불리는 이 같은 행동도 투영 심리의 일종이라고 보아야 할 것이다. 조직은 규모가 커지면 커질수록 확고한 체계가 필요해지는 반면, 회사 안에 있는 사람들은 상사든 하급자를 막론하고 책임을 전가하려는 경향이 강해지게 마련이다.

이런 상황에서 상대의 책임이나 실수를 정도 이상으로 비난하거나 공격하는 사람이 있다면 그 사람은 틀림없이 투영 심리를 가지고 있다고 보아야 할 것이다. 어쨌거나 '피해자 의식은 가해자 의식의 반전이다'라는 투영 심리를 응용하면 동료나 부하의 숨겨진 심리를 어느 정도 읽어낼 수 있다.

상사를 쇠파이프로 때려죽인 살인사건이라든지, 폭력을 휘둘러 가해를 입히는 등의 무지막지한 행위는 그 심리가 이미 병적으로 확대되어 마침내는 망상이 발작을 일으킨 결과일 뿐이다. 이 같은 이상 성격일수록 직장이나 조직 속에서 잘난 척하거나 말이 많고 앞장서기를 좋아하는데, 사실 이런 행위는 자신의 부족함을 위장하기 위한 허세에 불과하다.

26

무능할수록
오래 생각하는 습성이 있다

기업의 관리자 중에는 중대한 의사결정의 자리에서 묘하게 그 모습을 감추는 사람이 있다. 결재 도장을 찍는 일이 두렵기 때문이다. 이로 인해 일이 지체되고 관련부서나 다른 사람에게까지 곤욕을 안겨주게 되지만, 정작 본인은 좀처럼 고치려 하지 않는다.

'오른쪽으로 갈 가능성도 있고, 왼쪽으로 갈 가능성도 있다. 그 결과는 어떤 것이 될지 아무도 모른다. 그렇다고 엉뚱하게 된다고 단정하기도 어렵다. 아무튼 신중하게 생각하지 않으면 안 된다'라는 것이 그가 늘어놓는 변명이다. 주관적으로 말하면 '나는 참으로 신중하다. 생각에 생각을 거듭하다 보니까 결국에는 의사결정을 할 수 없다'라는 형태이다.

그러나 심리학자의 입장에서 보면 당사자한테는 가혹한 말이 될는지 몰라도 '생각하기 때문에 결단을 못 내리는 것이 아니라, 해낼 수 없기 때문에 생각하는 것뿐이다'라고 말할 수밖에 없다.

이런 유형의 사람은 '생각한다'라는 행동 이전에 사실은 가벼운 의사장해가 있어서 의사결정을 할 수 없다는 것을 무의식중에 알고 있다.

의사결정을 재촉 받게 되면, 결정하고 싶지 않은데 결정하지 않으면 안 된다는 딜레마의 고통으로부터 도피하려고 이것저것 궁리하면서 스스로를 납득시키고 있는 것에 지나지 않는다.

예를 들어, 음료를 선택하는 데 있어서도 '커피로 할까, 아니면 홍차로 할까?'를 한참 망설이다 '아무거나'라고 결정을 해 버린다. 이런 유형의 사람은 중요한 결정에서 뿐 아니라 하찮은 일을 가지고도 심각하게 고뇌한다. 그렇다고 해서 이런 유형의 사람이 모든 일에 그만큼 신중한 것일까? 사실은 그렇지만도 않다.

'어제 길거리에서 만났던 여인과 내일 결혼한다면 얼마나 좋을까!'라는 식의 비상식적인 소리를 거침없이 할 수 있는 위인이 바로 이런 사람이다. 직장에서도 단돈 1만 원이나 2만 원을 쓰는 데는 며칠씩 끌면서, 몇 백만 원을 쓰는 일에는 무모하리만치 즉결 처분을 내리는 만용도 발휘한다.

한 장의 품의서가 몇 십 명의 상사들을 거쳐야 하고, 사무용 연필 한 자루를 받고자 몇 십 분이 걸려야 하며, 회사의 의사결정이나 사무처리의 속도가 느린 것은 복잡해지고 경직화된 조직의 전형적인 증상이라 할 수 있다. 그러나 그 조직 속에는 앞에서 말한 바와 같은 일종의 의지장해意志障害자들이 있기 때문에 더러 조직 전체에 지체현상이 일어난다는 사실을 알아야 한다.

톱니바퀴에 한 알의 모래가 끼어서 그 바퀴의 회전을 방해하거나 바퀴를 상하게 하는 수가 있듯이, 전체 속의 한 인자가 불완전하고 불확실할 때 전체의 원활한 운영도 방해받게 된다.

'바보스런 생각은 잠자고 있는 것과 같다'는 말이 있듯이 무능한 사람일수록 오래 생각하는 측면이 있음을 부정하기 어렵다. 그렇다고 빨리 생각하고, 빨리 결정하고, 빨리 일하는 것만이 옳고 정당하다는 말은 아니다. 생각할 만큼 생각하고, 적당한 시기에 결정을 내리고, 너무 늦지 않게 하는 것이 일의 순서이며 순리다.

27

엘리트 의식이 강할수록 실패를 인정하지 않는다

흔히 직장생활을 가리켜 승부의 경쟁세계라고 말하기도 한다. '이기느냐 지느냐, 성공하느냐 실패하느냐'라는 긴박한 분위기 속에서 자기 가능성에 도전하고 성취를 맛보는 희비야말로 일을 하는 의미라고 할 수 있을 것이다.

옛 부터 세상의 모든 경영자가 하나같이 주창하고 있는 '사는 보람론'은 개인의 욕망에 부응하기 위한 것에서부터 발상된 것이다. 기업을 이루고 있는 구성원 중에는 일을 통해 사는 보람을 인생관으로 가지고 있는 사람이 무척이나 많다. 그 반면 일에 구애받지 않고 정시에 출근하여 정시에 퇴근하면서 급료에 해당되는 만큼 적당히 일하는 사람도 있다. 맹렬 사원의 입장에서 보면 회사에 싫증을 내지 않고 잘도 버틴다고 의아하게 생각할지 모른다. 그러나 인간에게는 원래 이 같은 생활을 하는 부류가 적지 않다.

엘리트 사원으로 스카우트되어 승승장구 고위직으로 승진절차를 밟아나가기 위해서는 하루에도 수없이 많은 스트레스를 받아야만 한다. 따라서 그 심리적 억압에서 벗어나려면 엄청난 노력이 필요하다. 이런 경우 어느 정도까지는 분발하게 되지만 중도에서 자발적으로 이탈하는 사람도 적지 않다. 그래서 자기만의 탈출구로 레저 등의 취미생활을 적당히 즐기는 경우가 있다.

인간에게는 나름대로 독자적인 '요구 수준'이 있다. 그런데 그것이 제대로 성취되지 않을 때는 태도를 용이하게 전환시킬 창구가 절대적으로 필요한 법이다. 즉, 성공했느냐 실패했느냐를 제3자의 객관적인 기준에 따르지 않고 주관적인 자기 요구 수준에 견주어 스스로 결정을 내린다. 따라서 엘리트 코스에서 이탈되고 일이 척척 진행되지 않더라도 결코 실패했다고 생각하지 않는다. 오히려 학력이나 집안내력 등을 과시하면서 자신의 실패를 묘하게 위장하려는 측면도 있다.

그런 엘리트 샐러리맨일수록 요구 수준이 높게 마련이어서 별것 아닌 일을 놓고도 잡된 생각에 매어 있다가 결국에는 열등사원으로 전락해 버리는 수가 있다. 그중에는 공연히 마음을 안정시키지 못하고 들뜬 기분에 사로잡혀 일을 손에 잡아 보지도 못하고, 본인 자신도 그 원인을 찾아내지 못하는 경우가 있다.

심리학에서는 불안과 공포를 별개의 것으로 생각한다. 공포는 현실의 문제나 사물에 관계되고 불안은 장래에 일어날 사태와 관계된다고 말한다. 즉, 파국이 실제로 오기 전에 그것을 예감하는 것이 불안인데, 역으로 말하면, 불안을 느낄 수 있다면 미리 파국에 대한 마음의 준비를 할 수 있다는 것이다.

문제가 되는 것은 불안은 미래에 관해서만 있는 것이기 때문에 파국의 실체를 확실히 포착할 수 없어서 그 심리적 대응을 명확히 할 수 없는 데 있다. 따라서 불안은 끈으로 목을 조이듯이 인격의 핵심부를 위협하는 것이다.

문제는 직장생활이 인생의 일부임에 틀림없다는 생각을 가지는 자세가 중요하다. 또한 일 자체가 남을 위해 의무적으로 하는 것이 아니라, 나 자신을 위한 책임감으로의 측면이 더 많다는 사실을 깨닫는 일이다. 그렇게 해야 불안으로부터 벗어나고 공포로부터 유연할 수 있기 때문이다.

28

상사를 흉내 내는 심리에는 증오와 불안이 있다

어린아이들을 잘 관찰해 보면 말버릇이나 몸놀림 등이 부모와 많이 닮아 있음을 볼 수 있다. 이것은 부모의 애정을 받아들이고 싶어 하는 어린아이들의 마음에서 생겨난 현상으로, 역으로 말하면 부모로부터 방임될지도 모른다는 위험을 무의식적으로 회피하려는 반응이라고 할 수 있다.

직장에서도 상사의 흉내를 잘 내는 사람이 있는데, 이들은 일거수일투족 거의 완벽하리만큼 흉내를 낸다. 이런 흉내를 장난삼아 한다면 몰라도 자신도 모르는 사이에 사고방식이나 행동까지 닮아 간다면 사태는 심각해진다.

이 같은 현상을 심리학에서는 '수용현상受容現象'이라고 하는데 여기에는 반드시 욕구 불만이 잠재해 있다. 그리고 때에 따라서는 적의나 증오의 감정이 처리되지 못한 채 억압되어 있을 수도 있다.

어느 누구도 처음부터 상사와 똑같은 생각을 가질 수는 없다. 처음에는 반항하거나 마지못해 명령에 복종했다가도 결국 절충과 타협의 수단으로 닮아가기를 모색하게 되는 것이다. 그 과정에서 적의나 반감을 노골적으로 드러냈다가 호되게 야단맞는 일도 일어날 수 있다.

인간이란 심약한 존재로서 이 같은 관계를 과감히 타파하고 현실적으로 해결하지 못하는 성향이 있다. 여기에서 무의식중에 수용반응을 일으키게 되고 그럼으로써 욕구 불만을 해소하려 든다.

최초의 단계에서는 의식적으로 상사에 동화하려고 시도해 보기도 한다. 이를 다른 시각에서는 소아병적인 증상으로 보는 경우도 있다. 어린아이의 경우와 마찬가지로 상사로부터 눈 밖에 나지는 않을까 하는 불안에서 비롯되기 때문이다. 이 불안이 높아지면 나중에는 무의식적으로 목소리와 표정, 걷는 모습까지도 닮아가게 된다.

이런 상태에까지 이르면 이미 인간의 본성은 상실되고 상사에 의해 조종되는 꼭두각시에 불과한 인간이라 해도 과언이 아니다. 이는 자기 부재라 할 수 있으며 그의 장래는 불 보듯 뻔하다. 복제되거나 조종되는 로봇도 아닌데 얼마나 놀라운 사실인가?

이 같은 인간을 직장이나 그 밖의 조직집단에서 발견할 때마다 기업 또는 조직이라는 것이 얼마나 무서운 것인가를 생각하게 한다. 물론 마음속으로부터 상사에게 심취되어 언동을 배우거나 상사와 같은 유능한 사람이 되고 싶어 하는 경우는 건강한 상태라고 할 수 있다. 그런데 상사의 기분을 맞추거나 잘 보이려는 아부심리가 그렇게 만들었다면 위험천만한 일이 아닐 수 없다.

상사의 좋은 면과 나쁜 면을 비판적으로 보는 눈을 조심스럽게 가져야 한다. 그러나 앞서와 같은 카피 형에게는 약간의 정신병리적 해석을 해 볼 필요가 있다. 뱁새가 황새 흉내를 내다가는 가랑이가 찢어져 죽을 수밖에 없다. 모방도 모방 나름이다. 비판 의식 없이 무조건 수용하는 것은 스스로의 인간성을 포기하는 것으로 비극 중에 비극이다.

29

공격 목표가 너무 강하면 자기 자신을 공격한다

공격이란 일반적으로 다른 사람, 즉 외부로 가해지는 것이다. 그런데 상대의 힘이 너무 거대하고 강력하다 보면 그 공격 목표가 뒤집혀 오히려 자기 자신에게로 향하는 경우가 있다.

이는 직장 안에서 더러 일어나는 현상으로, 조직이 너무 거대한데다가 상사가 예상 외로 강력한 힘을 가지고 있는 경우에 해당된다.

우선 상대의 힘이 강력한 경우에는 상대의 생각이나 행동을 자기 것으로 동일시하면서 자신을 안전하게 지키려는 시도를 한다. 상사가 칼라 셔츠를 입으면 자기도 그와 비슷한 것을 입고, 상사가 골프나 낚시를 좋아한다면 자신도 그것을 배우기 시작하는 등의 행동이 그것이다. 이렇게 되면 자신과 강력한 상대와의 사이에 대립관계가 일어나지 않고 심리적인 안정을 얻을 수 있기 때문이다.

이런 현상 속에는 같은 것을 같이 즐기므로 상대의 마음을 이해하고 조직 안에서 자연스럽게 관심사를 말할 때 용이하다는 이점도 있다. 이 같은 마음의 작용을 심리학에서는 '수용 심리'라고 앞에서 말한 바 있다.

그런데 만약 그 강력한 상대에게 새로운 강자가 나타나 격렬한 공격을 가하는 사태가 일어난다면 과연 어떻게 될까? 두 말할 것도 없이 보다 강한 자와 자기를 동일시하게 되거나 공격을 당하는 상대와 동일시하고 자기 자신에게도 공격이 가해지고 있다고 생각하는 일이 벌어진다.

이번 달의 매출이 적다는 이유로 부장으로부터 질책을 받은 과장이 자기 자신이며, 상대 회사로부터 공격을 받아 판매 실적이 떨어진 것도 자기 자신이라고 생각하게 된다. 그 다음 증상으로 우편함이 빨간 것도, 전봇대가 높은 것도 모두 '내 탓이다'라는 심리 상태에 빠지게 된다.

이런 현상을 '자책自責'이라고 하는데 상태의 정도에 따라 노이로제의 원인 중의 하나로 분석하고 있다. 이런 상황이 극한 상태가 되면 자신의 목숨을 스스로 끊는 자살 사태에까지 이르게 된다.

노이로제 외에도 직장과 결부된 정신 이상의 하나로, 자기 자신을 우매하고 용렬한 사람으로 생각하게 하는 '미소망상微小妄想'이라는 것이 있다. 이것도 직장에서 욕구 불만의 대상이 역전해서 자기 자신에게 튕겨져 돌아온 경우 중의 하나이다.

자책의 심리가 강한 직장인들은 한편 책임감이 강하고 상사를 누구보다도 끔찍이 생각하는 것처럼 보이지만 사실은 심약한 사람인 경우가 많다. 특히, 수용 행동을 보이는 직장인들에게 이러한 경향이 높다. 예를 들어, 어떤 직책에 있는 사람이 그 직책을 더럽힌 오직汚職 사건이 일어났을 때 상사가 자신을 사건의 중심인물로 보고 있다고 느낀 나머지 상사의 책임을 뒤집어쓰고 자살하는 비극이 일어나는 것도 이런 정신적 압박감에서 온 심리작용이다. 심약하다는 것은 의지가 약하다는 뜻이며, 심약한 사람이란 주체의식이 결여된 인간형이라고 할 수 있다.

인간에게는 고독과 흡사한 무력감 같은 것이 있어서 혼자 있기를 꺼려한다든지 집단으로부터 이탈하는 것을 두려워하는 경향이 있다. 이는 집단 속에 있어야 안정을 얻고 안주할 수 있다는 생각에서 비롯된 것이다.

그 일례로 여럿이 있을 때는 말도 잘하고 활기 넘치게 행동하던 사람이 낯선 사람과 마주치거나 환경이 바뀌게 되면 꿀 먹은 벙어리가 되고 마는 경우이다. 이렇게 생각하고 보면 직장에서 갖는 자책심리라는 것은 엄청난 조직이 만들어 내는 죄악의 일종이라고 할 만하다.

30
의타심이 높을수록 욕구 불만이 많다

직장 내에는 언제나 욕구 불만이 있게 마련이고 그 해소 방법도 사람에 따라 가지각색이다. 욕구를 저해하는 요인에 대해 어떤 행동을 취하는가를 분류해 보면 다음의 네 가지로 나눌 수 있다.

첫째, 적극적인 타입으로 욕구 불만의 원인이 되는 장해를 적극적으로 극복 제거하여 자기의 욕구를 충족시킨다.

둘째, 우회적인 타입으로 장해를 일단은 회피하고 나서 지름길보다는 우회로를 거쳐서 목표에 도달, 자기의 욕구를 결국 충족시킨다.

넷째, 대상代償적인 타입으로 처음에 가지고 있었던 욕구를 다른 욕구로 대치한 후 그것을 만족시킴으로써 최초의 욕구를 충족시킨다.

넷째, 체념적인 타입으로 욕구를 일시적으로 연기하든지, 그렇지 않으면 영구히 체념해 버린다.

네 가지 반응 중 첫째와 둘째, 셋째의 타입은 적극적인 면에서는 정도의 차이는 있지만 어떤 일에 대한 욕구 불만을 자기 힘으로 해결해 나가려는 형이다. 이에 반해 큰 나무의 그늘에 들어가는 것을 좋아하는 사람, 즉 의타심이 강한 사람은 욕구 불만을 스스로 해결하려고 하기는커녕 심한 경우에는 그 자체가 자기 탓이 아니라 남의 탓인 것처럼 착각한다. 이 지경이 되고 보면 대개는 네 번째의 타입처럼 체념해 버리게 된다. 이런 타입은 술도 오락도 즐기지 못하는 꽁생원들 가운데 더 많다.

이 같은 일이 쌓이다 보면 초조해지고 우울해져서 언제나 불안한 상태에서 투덜대며 하루하루를 살아가게 된다. 한편 이런 심리상태에 빠지면 우로 갈 것인지, 좌로 갈 것인지도 자기 의지로 결정하지 못하고 우왕좌왕하는 낭패를 겪게 된다. 이 때문에 두 개의 욕구 사이를 영구히 오가는 시계추와 같은 반응을 일으키게 되고, 마침내는 한쪽만을 만족시키고 다른 한쪽은 욕구 불만인 채로 남겨두게 된다.

그렇다고 해서 상사가 내린 결정에 만족하고 있는가 하면 그것 또한 결코 아니다. 욕구 불만은 그대로 마음속에 계속 남아 있게 된다. 당사자는 하는 수 없이 전혀 자기 의사가 아닌 피동심리에 의해 그 결정에 따르게 되고 그로 인해 욕구 불만이 점점 중첩되어 마음속에 무겁게 침전된다.

이런 심리상태에 있는 사람은 출세를 포기한 것처럼 보이기도 하지만 결코 그렇지 않다. 그렇게 보이도록 행동할 뿐이다. 당사자는 자기 마음을 스스로 짓누르고 있는 데 지나지 않는다. 이런 사람의 마음 한복판에는 회사나 동료에 대해 원한을 품고 있는 경우가 대부분이다.

사람은 어떤 의미에서 보자면 태어날 때부터 연극배우와 같다. 본심을 숨기고 행동하는 가운데 자기 자신까지 기만하면서 연극 속에 스스로 빠져 버리기 때문이다.

31

의지가 약한 사람일수록 반항심을 드러낸다

회사의 실태 조사를 위해 유수 기업체의 부장과 과장 백여 명을 모아 놓고 젊은 사원들의 의식구조를 조사한 바 있다. 이 조사 보고서에 의하면 '시키는 일은 대부분 잘한다'와 '조금이라도 자기 기분에 맞지 않는 일을 시키면 즉각 반항한다'라는 상반된 결과로 나타났다.

그러고 보면 회사나 조직원만이 그런 것이 아니라 학생들 간에도 이 같은 현상이 언제부턴가 심화되어 가고 있다. 꼬박꼬박 수업에 참석해서 시키는 대로 공부를 하는 타입이 있는가 하면, 선생으로부터 지적을 받거나 질책을 당하면 금방 화를 내고 대드는 반항적인 타입도 적지 않다. 이 상반된 관점이 어떻게 나오게 되었으며, 또 어느 쪽이 옳은가라는 의문이 생기지만 진지한 토론을 한 결과, 결국은 젊은이들의 어느 일면만을 본 데 지나지 않았다는 결론을 내리고 말았다.

즉, 두 가지 타입으로 분류하기 이전에 정도의 차이는 있겠지만 인간이라면 누구나 이 두 가지의 상반된 태도를 본시부터 가지고 있다는 사실을 인식하게 된 것이다. 바로 이것이 인간의 '양면성'이다.

학교 내에서 난동을 부려 경찰서에 붙들려 간 학생에 대해, '놀랄 만큼 얌전하고 착한 학생입니다'라고 칭찬하는 경찰관을 가끔 보게 되는데 이 또한 인간의 양면성을 입증하는 좋은 예이다. 그런데 이렇게 반항적인 문제아들이 늘어 가는 이유는 그들의 의지가 아직 성숙되어 있지 못하기 때문이다. 즉, 이 같은 반항적인 태도는 의지의 미발달 단계에서 흔히 나타나는 현상으로, 예를 들어 칭얼대며 보채는 어린 아이는 부모가 어떻게 해도 달랠 수 없다가 새로운 장난감이나 맛있는 과자 등을 보이면 갑자기 울음을 그치고 생글생글 웃으며 말을 잘 듣게 되는 것과 같다.

이것이야말로 두 가지 태도의 전형적인 예라고 할 수 있는데, 심리학에서는 전자를 '거절 반응'이라 하고 후자를 '맹종 반응'이라 부른다. 어쨌든 그 어느 것이나 외부 환경에 대한 일종의 원시적인 반응이라 할 수 있다.

인간만이 아니라 모든 생물이 외부 환경과 잘 적응되지 못하면 살아가기가 어렵다. 특히 약자는 강자에 대해 맹종과 반항이라는 적응 방법으로 자기의 생명을 지키고 보전한다. 자신을 지켜주는 주인에게는 무척이나 충직한 개도 타인에게는 무서운 맹견이 되는 것과 같이, 의지가 덜 발달된 인간일수록 권위에 복종하든가 아니면 거절하든가 하는 둘 중 하나의 태도를 취함으로써 위기를 지켜 나가려 한다.

이렇게 보면 요즘 젊은이들이 의지가 덜 발달된 미숙아라고 할 수 있으나, 역으로 생각하면 그만큼 적응 방법이 훌륭하다는 역설적인 뜻으로 해석될 수도 있다. 상사에 대해서는 고양이 앞의 쥐 모양으로 살살 기면서도 하청업자에게는 큰소리치는 사람을 의지 미달자의 전형이라고 할 수 있을 것이다. 강자에겐 약하고 약자에게 강한 자도 그렇지만 철없이 상사에게 반항하여 잘난 척 하려는 신입사원도 같은 부류다. 모든 사람이 다 그렇다고는 할 수 없지만, 이는 자신의 약한 의지를 감추고 보호하고자 하는 방어본능에서 비롯되는 것이다.

풋사과는 역시 풋사과여서 시고 떫은맛을 아주 없앨 수는 없다.

32

욕구 불만과 내성은 그의 과거와 비례한다

직장에서는 업무상으로 직원 간에 부딪치는 경우가 심심치 않게 발생한다. 이는 욕구 불만에 대한 내성耐性 탓이다. 일하는 사람이 여럿이다 보면 남달리 고생스럽게 일하면서도 군말을 하지 않는 사원도 있으며, 또 웬만한 일에는 미동도 않고 자기 할 일만 묵묵히 해내는 사람도 있다. 이 같은 유형의 사람들은 욕구 불만에 대한 내성이 강한 주인공들이다.

그들 대부분은 욕구 불만에 대해 나름대로의 처리 능력이 능숙할 뿐 아니라 적응하기 어려운 상황에서도 여유만만하게 대처해 나가는 사람들이라 할 수 있다. 이 같은 사람들은 대개 성장 과정에서 성격이 가지각색인 사람들로부터 욕구 불만의 과정을 겪었거나, 체험적으로 처리해 온 경험이 있는 일종의 기술자들이라고 할 수 있다.

그들은 대개 도저히 감당하기 어려운 주변의 소용돌이에도 흔들리지 않고 자기중심을 지켜 나가는 의지를 가지고 있다. 이들은 어려서부터 갖은 어려움과 욕구 불만을 겪어온 가운데 적절한 훈련을 받은, 이른바 단련된 사람들이다. 이에 반해 내성이 약한 사람은 작은 욕구 불만이나 역겨움도 참지 못하고 바로 빈사상태에 빠지고 만다.

이 같은 사람의 성장 과정은 두 가지 타입으로 나누어 볼 수 있다.

첫 번째 타입은 욕구 불만의 체험이 전혀 없었던 사람이다. 그야말로 '오냐오냐' 하는 가정에서 제멋대로 자라나 내성이 길러질 여건이 아니었던 탓도 있겠지만, 온실 속의 식물처럼 모질고 세찬 풍파가 무엇인지를 모르고 자란 탓일 수도 있다.

두 번째 타입은, 첫째 경우와는 반대로 강렬한 욕구 불만이 쌓이고 쌓였던 탓으로 오히려 내성이 약하다는 것을 엿볼 수 있다. 그 이유는 너무나 많은 불만이 겹치다 보니 하나의 욕구 불만에 대처할 요령이 완성되기도 전에 다음 불만이 닥쳐와서 욕구 불만에 대처할 기술을 연마할 여유가 없었기 때문이다.

그 전형적인 예로 지나치게 예의 바른 사람들을 볼 수 있다. 그들의 대부분은 유년기에 세찬 시련을 겪었던 데다 그 시련이 엄청난 것이었기 때문에 욕구 불만 자체가 무엇인지, 욕구 불만의 본질이 어떤 것인지조차 파악할 겨를이 없었기 때문이다.

욕구 불만에 대한 내성을 보면 그 사람의 과거를 알 수 있다는 말은 바로 이런 경우를 이른다. 결국 참는다는 것은 미덕이 될 수도 있지만, 참지 못할 일까지 참는다는 것은 문제가 있다.

참아야 할 때 참을 줄 알고 참아서는 안 될 때는 노도와 같이 대항해야 한다. 그런데 정말 참아서는 안 될 극한 상황에서도 참는다는 것은 감정을 가진 인간으로서는 어려운 일일 뿐 아니라 인성이 길러지는 과정에 흠이 있다고 보아야 할 것이다.

참아야 할 때 참는 것만이 진정한 용기이다.

CHAPTER 03

모든 일에는 두 얼굴이 존재한다

인간은 타인에게
신뢰받고 있다고 생각할 때
그 신뢰에 상응하는 만큼의
노력을 하게 된다.

33
개성을 주장할수록 조직 속에 안주를 원한다

유럽이나 미국으로 여행을 갔을 때 호텔이나 식당에서 일하는 웨이터의 태도 때문에 당혹해 하는 경우가 있다. 달걀을 달라고 하면 '삶아서 올릴까요, 프라이팬에 구워서 올릴까요?'라고 묻는다. 구워서 달라고 하면 이번에는 '노른자위를 위로 할까요, 밑으로 할까요?'라고 반문한다. 또 반숙으로 해달라고 하면 '몇 분이나 삶을까요?'라고 집요하게 묻는다. 그래서 은근히 화가 치밀어 알아서 하라고 고함이라도 치고 싶지만 웨이터로서는 주문자의 의사를 충분히 확인하는 것이 본분이므로 고객의 입장에서 의사를 분명히 밝히지 않는 한 자기들 임의대로 하는 경우가 없다.

그럴 때 생각나는 것이 한국식 호텔이나 여관의 원만한 서비스다. 내가 알고 있는 대로라면 한국에서는 손님이 일일이 자기 의사를 표시하지 않아도 적당히 알아서 식탁을 꾸며 준다. 그런데 유럽이나 미국의 호텔에서는 일단 객실에 안내되면 모든 것을 자기 의지대로 결정하고 적응해 나가지 않으면 안 된다. 정해진 시간에 식당으로 내려가야 하고, 그 많은 메뉴 속에서 먹고 싶은 것을 선택하지 않으면 식사를 할 수 없게 된다. 동양인에게는 바로 이런 점이 생소하고 어려우며 신경 쓰이게 만드는 부분이다.

최근 들어 '세계화', 또는 '주체성 회복'이라는 말을 많이 사용한다. 기업 내부에서도 이 용어가 유행어처럼 남발되고 있다. 조직 속에 있다 보면 주체성이 상실되어 개성을 발휘하기가 어렵다.

주체성 회복은 조직의 압력에 대항해서 자기 자신을 되찾자는 뜻이 담겨져 있지만, 개성을 되찾았다고 해서 꼭 주체성이 회복되었다고 말할 수는 없다.

앞에서 말한 호텔의 예처럼 '당신의 참뜻은 무엇입니까?'라고 연거푸 질문을 받게 되면 성가시고 난처해서 '그만 살려 주십시오'라고 빌지도 모른다. 인간은 본래 소속집단에서 이탈하면 심리적인 불안을 이겨내지 못하는 법이므로 안주하고자 하는 사람일수록 조직을 구하려는 경향이 있다. 왜냐하면 조직 속에 안주하고 있는 동안은 주체성이 무엇인지 꼬치꼬치 묻지 않아도 되기 때문이다. 또 개성을 주장하는 사람일수록 조직 속에서 안주하기를 바라는 심리 상태가 강하게 나타나기도 한다.

우리는 주변에서 '나는 정년까지 회사에 매달려 있는 처량한 생활은 안 해'라고 공언하는 사람을 보게 된다. 자기 자신은 개성이 강하고 주체성이 있는 사람인 것처럼 보이려는 의도지만 사실은 이런 사람일수록 조직을 필요로 하는 경우가 많다. 또 불만이나 어떤 사실을 적당한 기회에 악용하는 경우도 많다. 개성이나 주체성은 말로 이루어지는 것이 아니기 때문이다.

사람은 누구나 정으로 뭉쳐진 가정 이외에 또 다른 심리적 소속집단을 갖고 싶어 한다. 현대의 소속집단에서 이탈하게 될지도 모르는 만

일의 사태에 본능적으로 대처하고자 하는 것이다. 그러므로 자기주장이 강한 사람과 대립될 때에는 논리를 앞세운 공략보다는 인간적인 친숙함으로 접근하는 것이 더 효과적인 경우가 많다.

34

조직을 부정할수록 심리적 탈조직은 어렵다

같은 시기에 입사한 직장인이라도 몇 년의 세월이 흐르고 나면 각각의 입장과 경험, 일의 실적 등에 따라 의식에 상당한 차이가 생기게 된다. 즉, 한쪽은 노동자라는 의식을 강하게 갖는가 하면 다른 한쪽은 관리자적인 발상을 가지는 사람이 있게 마련이다. 이러한 차이는 크게 보아 경영자에 대해 협력적인 자세를 취하느냐 그렇지 않느냐는 것으로 분기되어 나타난다.

예를 들어, 작업 연장의 요청을 받았을 때, 또는 휴일 근무의 요청을 받았을 때, 한쪽은 가정을 지킬 의무가 있다는 명분을 내세우거나 근로조건 등을 내세워 조직의 요청을 거부하고 말지만, 다른 한쪽은 적극적으로 협력한다.

이 조사는 그 어느 쪽이 샐러리맨으로서 성장해 가는데 옳은 길인가를 논하려 하는 게 아니다. 사람은 누구나 인생관이 있으므로 그들 나름의 판단에 따라 어느 한쪽을 선택할 권리가 있다. 반면 선택의 권리가 존중되면 선택한 결과에 대해서도 책임을 져야 한다.

직장인 중에는 어느 시점에서 급전환하라고 말해도 좋을 만큼 경영자적인 발상에서 근로자적인 의식의 소유자로 변하는 일을 본 적이 있다. 사실 그는 대기업의 엘리트 코스에 있었다. 상황이 순조롭다면 누구보다도 출세가 빠를 것으로 자타가 공인했었다.

그런데 어느 때 예상치 않았던 일이 생긴 후 그의 진로에 어두운 그림자가 드리워지기 시작했다. 그는 실망이 컸고, 다 잡은 대어를 놓친 듯한 아쉬움과 회한이 머릿속에서 떠나지 않았다. 그래서 그는 1~2년 동안 실지 회복을 위해 안간힘을 다했다. 하지만 완고한 권력 구조의 중심부에까지는 파고들 수가 없었다. 그는 이 불가능을 자각하기가 바쁘게 전혀 딴판의 인간으로 변해 버렸다.

이후 그는 '회사의 직원은 어디까지나 자본가에게 노동력을 팔고 있는 근로자에 지나지 않는다. 목이 달아나지 않을 정도로 일하고 노동력을 판 것만큼의 급료를 받으면 그뿐이다'라고 생각하고, '조직과 개인의 관계란 그 이상도 그 이하도 아니다. 조직을 위해 헌신하는 것이 곧 자기 자신을 위하는 길이라는 말은 새빨간 거짓말이다'고 자위하게 되었다.

그는 술을 마실 때마다 고래고래 고함을 질렀다. 결국 그는 자신의 욕구 불만을 이렇게 분출함으로써 내적으로 보상받으려 했다. 이 이야기에는 후일담이 있다. 이 소문을 들은 라이벌 회사의 경영자가 그를 스카우트해서 아주 중요한 부서에 앉혔다. 그러자 그 객기는 온데간데없이 사라지고 무서운 능력을 발휘하는 대활약가가 되었다.

사람이란 자리가 달라지면 능력도 달라지는 변수를 가지고 있다. 예컨대 조직을 부정하고 조직의 약점을 꼬집어 비난하는 샐러리맨은 '조직이 인생의 전부는 아니다'라는 탈조직형 인간에 비해, 조직 지향적이고 심리적 탈조직을 성취시키지 못하는 것이 특징이다.

35

너를 위해서라는 충고는 결국 자신을 위한 것이다

잔소리를 퍼붓는 엄마들은 공부를 하지 않는 아이에게 '너는 어째서 그렇게 농땡이를 부리느냐, 열심히 공부하지 않으면 좋은 학교에 갈 수 없다. 네가 그 사실을 잘 알고 있지 않느냐? 네가 공부를 안 해도 엄마는 별로 곤란할 것이 없지만, 너를 위한 충고다'라고 이야기하곤 한다.

그러나 이 같은 잔소리는 백해무익할 뿐 아니라 아이에게 전혀 도움이 되지 않는다. 결국은 아이의 자존심에 상처만 입히게 되어 마침내는 공부하기를 싫어하는 아이로 만들고 만다. 사실, '너 때문에'라는 말 속에는 '나 때문에'라고 하는 감정이 강렬하게 내포되어 있다.

진실로 아이를 위한다면 일부러 '너 때문에'라는 말을 강조할 필요는 없다. 좋은 학교에 들어가 주지 못했을 때 곤란한 것은 잔소리를 퍼붓는 엄마이기 때문이다. 아이에게 공부를 더 많이 시키고, 그 공부의 결과가 어떤 결과를 가져온다는 것을 설득하자면 앞서와 같은 방법으로는 어렵다. 그보다는 '엄마는 네 생각을 얼마나 하고 있으며 그토록 생각하기 때문에 충고하는 것이니까 내게 협력해 줄 수 없겠는가?'라는 식으로 부탁하는 편이 훨씬 낫다.

원래 인간이란 무의식중에 상대의 자존심에 상처를 입힘으로써 자신의 자존심을 높이려는 경향이 있다. 남에게 욕을 한다든지, 다른 사람에게 이론을 늘어놓는다든지 하여 그 나름의 욕구를 만족시키려는 것이다.

자존심이 남달리 강한 사람일수록 타인에 대한 험담이나 욕설을 자주 하는 것도 이 때문이다. 자기가 미인이라고 생각하는 여자는 끊임없이 다른 여자의 흉을 본다. 그럼으로써 자기가 예쁘다는 것을 과시한다. 자기가 일인자라고 생각하는 과장일수록 사장이나 부하의 약점을 찾아내 험담을 늘어놓는다.

'이 사람아, 이 달의 매상이 굉장히 떨어졌군. 지금부터 바짝 정신 차리지 않았다가는 훗날에 가서 고통 받을 거야. 이 말은 회사를 위해 하는 말도 아니고, 누굴 위해서 하는 말도 아니네. 자네 자신을 위해서 좀 더 노력해 주게나!'

이런 투의 충고야말로 자존심이 강한 어머니가 공부를 하려 들지 않는 자식에게 압력을 가하는 것과 같은 자존심 충족에 지나지 않는다.

매출이 떨어진 사원에게 '자네를 위해서'라고 단서를 붙인 충고는 회사를 위해서도 아닐 뿐더러 그를 위해서는 더욱 아니다. 그것은 순전히 자기의 내적 자존심을 충족시키는 일에 협력해 달라는 말에 지나지 않는다.

따라서 직장이나 조직, 그것도 하부 조직에 파묻혀 있는 사람은 상대의 충고를 분별 있게 받아들일 필요가 있다. 그리고 그가 원하는 자존심의 충족과 욕망에 대해 특별한 조치를 취하면 그만이다.

그러니 평소의 잔소리가 회사나 나를 위해 하는 것이 아니고, 자기 자신을 위해서 하는 한 회사에 충실하려는 각오와 실천이 무엇보다 중요하다. 나라고 하는 존재는 회사에 몸담고 있는 한 회사와 공동 운명체이기 때문이다.

회사가 무너지는데 남아날 사원도 없을 것이고, 간부 또한 외람되이 잔소리를 퍼붓고 있을 수도 없기 때문이다.

36
위로보다 책망을 듣는 게 나을 때도 있다

어떤 회사에서 젊은 사원이 우연치 않은 기회에 상사로부터 인정을 받아 이례적으로 중요한 직책에 임명되었다. 본인으로서는 고맙기도 하고 의기도 양양해져서 열심히 일을 시작했는데 얼마 안 가서 업무상 커다란 실수를 저지르고 말았다. 그는 크게 충격을 받고 의기소침해져서 퇴직 문제까지 생각하게 됐는데 상사는 물론 주위 사람들이 따뜻하게 위로하고 격려해 주었다. 그는 크게 용기를 내서 지난날의 실수를 만회하려고 안간힘을 다했지만 결과는 별로 좋지 못했다. 그러다 보니 심적 부담이 누적되어 급기야 노이로제에 걸리고 말았다.

이 얘기를 듣고 당신은 어떤 생각이 드는가?

일에는 실수라는 것이 따라다니게 마련이다. 따라서 아무리 주위에서 관용을 베풀고 따뜻하게 격려해 준다 해도 그 기대에 부응하지 못하면 능력의 한계라고 생각하는 것이 대부분의 견해일 것이다. 실패는 성공의 어머니라고 했듯이 실패를 통해서 성장하려는 노력이 중요하다. 그렇지만 그 실수가 지나치게 컸다든지 그 실수로 인해 회사에 상당한 피해를 주게 됐다면 얘기는 달라진다.

실수의 늪에서 헤어나지 못한 채 나중에는 좌천되거나 견책 당하게 되면 그로서는 더 이상 참을 수 없게 될 것이다. 그리고 그를 발탁해 준 상사로서도 여간 안타까운 일이 아닐 수 없다. 할 말이 있다면 다시 한 번 용기를 내서 다시 뛰도록 하라는 격려뿐이다.

그러나 이것은 위험한 일이다. 이와 같은 상태에서는 격려나 위로가 되레 그의 책임을 무겁게 할 뿐 아니라 초조와 불안이 겹쳐 마침내는 자신을 상실하게 될 우려가 있다.

실패라고 하는 것은 방법이나 동기야 어찌 되었든 자신의 힘이 미치지 못한 때문인 것만은 분명하다. 다시 말해 목표의 설정이 너무 높았기 때문에 그 목표에 접근하지 못했다는 얘기가 되는 것이다.

많은 샐러리맨들은 자신의 실수를 용서해 주고 꾸준히 격려해 주는 상사나 동료를 인정 많고 뱃심 좋은 사람으로 받아들이기 십상이다. 확실히 그렇게 보는 것도 잘못된 견해는 아니다. 그러나 실제로 타인이 인정하고 자기 자신도 인정할 수밖에 없는 실수를 저지른 이상에는 그 잘못에 대해 책망을 듣는 것이 마음 편하다.

엎지른 물을 주워 담을 수 없듯이 한 번 실수는 어쨌든 돌이킬 수 없는 것임을 명심해야 한다.

37
'의견을 말하라'는 것은 말하지 말라는 것과 같다

소련 수상 후르시초프가 스탈린을 규탄하는 대연설을 했다. 그런데 연설이 한창 진행되고 있는 후르시초프의 테이블에 '당신은 스탈린이 생존했을 당시 무슨 말을 했으며, 어떤 일을 했는가?'라는 요지의 메모가 전달되었다.

메모를 읽은 후르시초프는 열을 올리고 있던 연설을 중단하고 메모 내용을 큰소리로 죽 읽어 내려간 뒤에 회의장을 좌우로 훑어보면서 '이 메모를 쓴 사람은 내가 셋을 셀 동안에 기립해 주시오'라고 심히 불쾌하게 소리를 질렀다. 회의장은 일순간에 물을 끼얹은 듯 조용해졌고, 셋을 셀 때까지 기립한 사람은 없었다.

그러자 후르시초프가 말했다.

"좋다. 동지 여러분! 지금이야말로 스탈린 생존 시에 내가 무슨 일을 했는지, 무슨 말을 했는지를 설명하기에 적절한 때다. 그때의 나도 지금 이 메모를 쓴 사람처럼 일어설 수가 없었을 것이다."

이 얘기가 진짜인지 만들어낸 이야기인지는 확인되지 않았지만 인간 심리의 기미를 적절히 포착한 이야기임에는 틀림없다. 물론 후르시초프는 '서라!'고 말해도 설 녀석이 없을 것이라는 것을 미리 알고 있었기 때문에 그렇게 요구했을지도 모른다.

세상에는 '의견을 말하라!'고 요구하는 상사들이 생각보다 많다. 상사라는 권위를 내세워 의견의 제시를 강요한다. 회사의 회의실 테이블에는 사원들이 긴장한 얼굴로 부동자세로 앉아 있다. 윗자리에는 근엄한 표정을 한 사장과 중역들이 어깨에 힘을 주고 앉아서 사원들의 얼굴을 뚫어지게 바라보고 있다. 얼마 있다가 사장이 입을 연다.

"젊은 제군들의 의견이 반영되지 않는 한 회사는 신장되지 않는다. 그래서 오늘은 제군들로부터 회사의 방침에 대해 솔직한 의견을 듣고자 한다. 전무! 차례로 사원들의 의견을 들어 보면 어떻겠는가?"

전무가 입을 연다.

"사장님께서 여러분들의 솔직한 의견을 듣고자 하시니 사양 말고 말해 주게나!"

사장과 전무가 이같이 말했다고 해서 입을 열 사원은 없다. 결국 회의는 사장의 독연회獨演會로 끝나고 만다.

그들은 아무런 심리적인 배려나 발언할 수 있는 분위기를 만들어 주지 않고 '의견을 말하라'고 했는데, 이것은 '의견을 말하지 말라'는 것과 같은 것임을 전혀 생각지 못하고 있는 것이다.

그 증거로 술자리 같은 곳에서 상사를 비판한 한마디가 인사과에 올라 손해를 보는 사례에서 알 수 있다. 상대가 마음의 문을 열지 않고 있는 한 자기도 마음의 문을 열지 않는 것이 가장 현명하다. 층층슬하에 얽매여 사는 샐러리맨일수록 섣부른 의견제시나 상사에 대한 험담은 하지 않는 것이 좋다.

38

불안과 공포는 다르다

조직에 소속되어 있는 개인을 조직의 형편에 맞게 움직이게 하려는 소위 관리사상官理思想이 팽배해 가고 있다. 이와 관련된 여러 가지 책들이 서점에 즐비한데, 이들 대부분의 책 속에는 거의 예외 없이 '명령을 저항 없이 받아들이게 하려면, 명령을 하지 말고 협력을 의뢰해라'라는 기법을 제시하고 있다.

물론 이런 투의 말은 자주 들어온 터이고, 또 사실이 그렇다면 이보다 좋은 협력 방안도 없을 것이다. 그러나 이 말 속에는 교묘한 함정이 있다는 것을 알아야 한다. 여기에는 인간의 심리학적인 이유가 있기 때문이다. 즉, 인간은 자기의 의지가 반영되지 않은 커뮤니케이션에 의해 행동하기보다는 자기의 의지가 반영된 커뮤니케이션에 의해 행동하는 쪽에 저항감을 덜 느낀다.

'이것을 갖다 주시오'라고 명령하는 것보다는 '이것을 좀 전해 줄 수 없겠는가?'라고 협력을 의뢰하는 쪽이 사람을 용이하게 움직일 수 있다는 것을 누구나 한번쯤은 체험했을 것이다. 그래서 동서고금의 경영서에는 언제나 '단순히 이렇게 하라고 명령을 내리기보다는 자기의 행위를 정당화시키려는 이기적인 동기를 부여하는 쪽이 효과적이다'라고 누누이 강조하고 있다.

일방적으로 명령하면 상대는 노예가 되고 자신은 노예의 감독자 입장이 되지만, 의뢰를 하게 되면 상대는 명령자와 같은 팀의 일원과 같은 착각을 갖게 되므로 강제로 했을 때보다 훨씬 더 조직에의 협력을 촉진시킬 수 있다는 것이다.

그런가 하면 부하에게 직접 명령을 내리는 상사는 단순형의 인간이라고도 볼 수 있다. 의뢰나 협력이라는 미명 아래 명령과 강제를 가하는 상사는 표면적으로는 온화해 보이고 사리 판단에 능통한 것으로 보일 수 있으나, 실은 그다지 똑똑한 머리를 가진 사람은 아니다.

한편 직장에는 으레 잔소리를 퍼붓는 상사가 있게 마련인데, 이것도 하급 직원으로서는 참기 어려운 일이다. 잔소리를 퍼붓는 상대가 눈앞에 있는 한 심리적인 공포감을 털어 버릴 수 없기 때문이다. 이들은 '언젠가는 목이 달아나지 않을까? 좌천은 당하지 않을까?' 하고 걱정하게 된다.

심리학에서는 불안과 공포를 나누어 생각한다. 공포는 현실의 인간이나 사물에 관계되고, 불안은 장래에 일어날지도 모르는 사태와 관계된다고 한다. 다시 말해, 파국이 닥치기 전에 그것을 예감하는 것이 불안이다. 역으로 말하면, 불안을 느끼게 되면 미리 파국에 대한 마음의 준비를 할 수 있으나, 불안 그 자체는 미래에 관한 것이어서 파국의 실태를 확실히 포착하기가 어렵고 심리적인 대응도 명확히 할 수 없는 데 있다.

따라서 심한 불안의 지속은 심리적 공포감을 갖게 하기 때문에 인격의 핵심부가 손상될 수도 있다. 결국 불안에 떤다는 것은 당사자의 신경의 강약에도 문제가 있을 수 있겠으나 자신을 잃고 있는 데서 온다고 봐야 한다.

인생은 빈손으로 왔다가 빈손으로 가는 것이므로 지나치게 미래에 대해 걱정하는 것은 좋지 않다.

39

분할된 집단은 횡보다 종의 관계를 좋아한다

집단 내의 한 사람 한 사람이 그 소속 집단에 참가하고 싶어 하게 되는 심리 경향을 집단의 응집성凝集性 또는 응집력이라 한다. 집단의 결속력은 이 응집성으로 나타난다고 볼 수 있는데 응집력이 강하면 강할수록 집단의 개개인에게는 '우리들'이라는 의식이 강해진다. 이렇게 응집력이 강한 집단은 한 개인에 있어서나 기업에 있어서 바람직한 일이다.

개인은 동기에 의해 자기를 한층 계발해 나갈 수 있고, 기업은 생산성과 모럴을 높여 일의 능률을 높이고 충성심을 만들어 낼 수 있기 때문이다. 그런데 기업 응집성의 고양高揚이 오히려 기업 형편을 좋지 않게 하는 수도 있다. 바로 노동조합의 결속이 그것이다. 따라서 기업 측에서는 가끔 조합 내의 응집력을 약화시키고 파괴하려는 전략을 들 때가 있다.

이러한 기업 전략 가운데 가장 유효한 수단의 하나가 집단의 분단 작전으로, 집단 내부에 또 다른 소집단을 만드는 일이다. 그것은 작업 팀의 경우일 수도 있고 프로젝트 팀의 경우일 수도 있다.

그렇게 하다 보면 각 소집단 사이에 미묘한 적대의식이 싹트기 시작해서 소집단은 각기 자신의 목적에 따라 행동을 취하게 된다. 결국 전체 집단은 소집단으로 분화되고 만다. 뿐만 아니라 그 소집단 속에 그 나름의 독재형의 리더를 두게 하면 그 효과는 배로 늘어난다.

레윙이나 리빅트의 실험 결과를 보면, 집단의 멤버가 횡적인 연대를 상실하고 개개의 리더와 직결하게 될 때 '우리들'이라고 하는 의식이나 생각이 희박해지고 역으로 사의식 'I feeling' 이 생겨난다.

결국 집단 파괴를 획책한 측의 목표는 이로써 성공하는데, 그 이유는 거대한 전체 집단이 산산조각으로 파괴되어 버리기 때문이다. 바로 이런 파괴를 노리고 소집단을 만들어 경합시키는 작업을 하는 것이다. 그렇다고 해서 이러한 사고방식이 위에서 언급한 노동조합 파괴라는 목적에만 쓰인다고 할 수는 없다. 집단 관리의 목표는 노동문제보다는 근본적으로 생산성의 향상을 겨냥했던 것이기 때문이다.

따라서 소집단에 의해 경쟁의식을 높인다든지, 책임의 비율을 정해주는 보수의 보합제步合制를 도입해서 동시에 책임체제를 확연히 만들 수가 있어야 한다. 이에 따라 조직은 조직대로 이익을 생각해서 항상 전체의 총화를 계산하게 되며, 집단의 구성원 개개인의 멤버는 자신의 달성욕과 경제적 이익을 얻게 된다.

어쨌든 분할된 소집단은 상호간의 연대보다는 서로가 자기 나름대로 회사 또는 조직의 상부구조와 긴밀하게 결부하려는 경향을 나타내는 것만은 확실하다. 소집단의 특성은 횡적인 관계보다 종적인 관계에 집착하고, 이 종적인 관계가 보다 튼튼하기를 원한다. 그러나 냉철히 생각하면 횡적인 사회를 평등의 사회라고 할 수 있다면 종적인 사회는 예속의 사회 또는 수직 종속의 사회라고 해야 옳을 것이다.

40

전체를 위한다는 것은 실력자를 위한 것이다

흔히 말하는 불량배 조직은 상하관계가 철저한 집단의 전형이라고 할 수 있다. 이 사회에서 일어나는 일이 더러 세간의 상식에 반하고 있는 듯이 보이지만, 조직의 압력과 개인이라고 하는 관계에서 한 면만을 떼어 놓고 보면 상당히 단적端的인 형태로 출현하는 경우가 많다.

그 중의 하나가 다른 사람을 대신하는 제도라는 게 있다. 거물이 경찰에 쫓기는 등 신변에 위험이 닥치면 아무런 관계도 없는 조무래기가 죄를 뒤집어쓰고 대신 감방으로 들어간다. 거물이 붙들리면 조직에 위기가 닥치고 자칫 잘못하면 조직 자체가 파멸될지도 모르기 때문에 조무래기 하나가 희생당하는 것쯤은 별것 아닌 일로 여기고 있다.

이 때의 조무래기는 이를테면 '속죄의 양'이 되어 조직의 위기를 구하는 역할을 담당하는 것이다. 위기에 즈음하여 속죄의 양이 되는 것이 반드시 불량배 조직의 세계에만 존재하는 것은 아니다. 집단이 성립되면 어느 집단에서나 있게 마련이다.

더욱이 속죄의 양이 되는 자는 그 집단에서 가장 약자의 입장에 있는 경우가 대부분이다. 이를테면 큰 기업이나 관청 같은 데서 독직사건이 터지면 대개의 경우 중간층의 실무자나 그 이하의 하급자가 붙들려가고 상층부의 고위 책임자나 중역들은 미꾸라지처럼 쏙 빠지는 수가 많다.

모든 사건이 다 그런 것은 아니지만 지금까지 우리가 목격한 크고 작은 사건에서 본 바에 의하면 애매한 송사리만 희생당하는 경우가 너무 많기 때문에 사법권에 대한 불신감이 커지고 있다.

그런데 이 '속죄의 양'이라는 관례는 조직이 건재하고 좋으면 그만이라는 논리에서 발상된 것이다. 즉, 조직이나 집단은 항상 강한 것이므로 반영구적으로 존속해야 한다는 특성에서 기인한다.

여기에 비하면 개인은 집단이라고 하는 기구의 톱니바퀴 한 개에 지나지 않기 때문에 희생을 최소화시키자면 조무래기 하나쯤은 없애도 무방하다는 논리가 성립된다. 집단의 논리는 조직의 강대 여하 이전에, 자기 자신을 과소평가하기 쉬운 가련한 개인에겐 아무런 거부감 없이 받아들여지고 있다. 더욱이 희생된 자는 그 집단을 구하기 위해 희생했노라는 자부심과 함께 어깨를 우쭐하게 하는 우월의식에 도취되기까지 한다.

'전체를 위해 눈 감아 달라'는 말은 상상 외로 자존심을 크게 갖게 하는 기묘한 힘을 가지고 있다. 그러나 조직의 멤버를 구제하기 위해 또 다른 멤버가 희생되어야 하는 시스템이 반복되는 집단이라면 결국은 전원의 안전보다는 상위직의 호신을 위해 봉사했다는 결과밖에 되지 않는다.

적어도 국가의 흥망성쇠가 달린 전쟁이라면 몰라도 일개 조직을 위해 희생하는 것은 인권에도 문제가 있다. 다만 국가를 방위하는 군대 조직이라면 소대나 중대를 위해 희생할 법도 하고 그 가치를 영원히 인정받을 수 있지만, 불의를 위해 바친 희생은 도덕적으로나 윤리적으로 전혀 무가치한 것에 지나지 않는다.

하지만 때에 따라선 집단의 책임자가 '속죄의 양'이 되는 경우도 있다. 이를테면 정치적인 책임을 지고 국회의장이 사임하는 경우가 그것이다. 그러나 이 경우에도 그 배후에는 꼭두각시를 움직이는 보스가 있게 마련이다. 왜냐하면 그 국회의장도 사실은 다수의 의원들에 의해 선출됐기 때문에 그 뒤에서 그물질하는 또 다른 세력이 있기 때문이다.

41

서열은 어디서나 존재한다

전시 중이 아니더라도 군대에는 반드시 고참병이 있어서 갓 들어온 초년병을 이유도 없이 괴롭히는 경우가 있다. 군대라는 조직집단도 기업과 마찬가지로 하나의 목적을 가지고, 그 목적을 위해 인간을 수단과 방법으로 여기는 비인도적인 습성을 가진 철저한 기능 집단이다. 따라서 종적 서열관계가 회사의 상사와 부하관계 등과 비교할 수 없을 정도로 엄격하며, 때에 따라서는 횡적 서열도 무시할 수 없다. 그래서 어떤 때는 두 개의 서열이 자주 충돌하기도 한다.

사관학교를 갓 나온 하사관과 5~6년 동안 굴러먹은 고참병이 눈을 흘기며 충돌하면 심리적인 위압감은 고참병 쪽이 강하게 마련이다. 목숨을 걸고 전쟁터에서 익히고 배운 전략 · 전술이 학교에서 탁상공론으로 배운 사관 쪽보다 박력도 있고 관록도 있기 때문이다.

경험과 실적에 의해 우열이 정해지는 군인끼리의 이 특유한 관계는 인포멀한 집단 내의 심리적 서열이라고 해도 과언이 아니다. 이 관계 속에는 포멀한 지위 등은 끼어들 여지조차 없다. 이 같은 일은 군대나 다른 집단의 경우가 아닌 친구 사이에서도 존재한다.

'회사에 가면 내가 자네보다 상급자일세'라고 말하여 비웃음을 사는 경우가 아니더라도, 지위나 신분에 관계없이 친구 사이에도 반드시 우두머리, 즉 보스 역할을 하는 사람이 하나쯤은 있게 마련이다. 인간이란 본래 공식적인 관계 속에서만 살 수 있게끔 되어 있지 않고, 또 그렇게 살 수도 없다. 갑옷을 벗어던지고 피부와 피부를 맞댈 수 있는 관계를 구하려는 심리는 인간이라면 누구에게나 있다.

그럼에도 불구하고 인간이 한 사람 이상 모인 곳에는 보스가 있게 마련이고, 직장에서는 어쩔 수 없이 윗사람에게 추종하지 않을 수 없는 기묘한 관계가 성립되고 만다. 직무나 직위 상에 있는 과장이나 부장은 더 말할 것도 없고, 똑같은 평사원끼리도 은연중에 보스가 생기고 추종자가 생겨 집단의 질서를 우회적으로 돕게 만든다.

하기야 이런 관계도 인간의 됨됨이 나름이겠지만 집단에 속한 멤버라면 싫든 좋든 보스를 존중하지 않을 수 없게 되고 또 따르지 않을 수 없게 된다. 그러나 여기에서 주목해야 할 것은 인포멀한 친구나 동료의식이 강한 사이에서는 심리적인 연대감이 있다는 점이다.

말하자면 보스나 상급자에 대해 맹종하는 관계를 떠나서 서로가 서로의 마음을 이해하고 존중하는 친구로서의 서열이 있을 수 있다는 것이다. 바로 이것이 진정한 우정이며 사랑이다.

현대는 전부가 그렇다고는 할 수 없으나 격식이나 형식을 배제한 인포멀한 면이 지나치게 강조되는 경향이 있다. 형식에만 매인, 즉 포멀도 포멀 그것만으론 모든 일이 지탱되기 어렵기 때문에 인포멀 그 자체를 획일적으로 배제하거나 부정할 수도 없는 것이 현실이다.

다만 주의해야 할 것은 공인의 입장에 있는 사람은 공무에 있어 포멀한 입장을 취하는 것이 도리이며 의무라는 것을 잊지 말아야 한다.

42
아이디어 도둑은 당신 곁에 있다

당신은 이런 경험을 한 적이 없는가?

회의석상에서 상사가 자못 신중하면서도 의기양양한 표정으로 새로운 아이디어에 대해서 설명하고 있다. 그 아이디어는 매우 획기적이고, 그 내용이나 이론이 정연해서 듣는 사람에게 사뭇 깊은 호기심과 감흥을 느끼게 한다.

이 구석 저 구석에서 감탄의 소리가 들리고 고개를 끄덕이는 사원의 수도 늘어난다. 상사의 얼굴에는 만족스런 미소가 떠오르고 억양에는 점점 힘이 들어가 회의장을 완전히 압도시키고 만다. 그런데 오직 한 사람만은 마음이 흔들리고 침착성을 잃은 채 안절부절 당황하기 시작한다.

그 이유는 무엇일까. 지금 기세등등 발표하고 있는 상사의 새 아이디어라는 것이 언젠가 그 사람이 상사에게 건의했던 바로 그 아이디어였기 때문이다. 그런데 그 상사는 여전히 얼굴빛 하나 변하지 않은 채, 그렇다고 아이디어의 출처를 밝히는 일도 없이 제멋대로 팔아먹고 있으니 아연실색할 일이다.

'아, 당했구나' 하고 생각했을 때는 이미 늦은 것이다. 그 사람이 참다못해 상사에게 대들며 '당신이야말로 아이디어 도둑'이라고 해봤자 당사자가 고백하지 않는 한 자기만 망신을 당하고 직장생활마저 위태로워질 수 있다.

이 예에서 보듯이 아이디어 관리는 대단히 중요하다. 특히 회사나 조직 속에서는 사원끼리 주고받는 말에, 약간의 자기 의사를 덧붙여 자신의 아이디어로 만들어버리는 자가 적지 않으므로 아무 뜻 없이 하는 말일지라도 신중함이 요구된다.

기업 내에서 아이디어를 얻고자 전전긍긍하는 것은 주로 관리직에 있는 사람들이다. 그들은 언제나 아이디어를 내지 않으면 안 될 입장에 있기 때문에 무엇이든 힌트를 얻기만 하면 비상한 머리 회전을 통한 면이 있다.

이를테면 대화 중에 '아 그것은 나도 평소 생각하고 있었던 것일세'라는 식으로 맞장구를 쳐올 땐 말문을 닫아 버리고 경계하는 것이 현명하다. 특히 제3자가 없는 단독 대화의 경우는 더욱 그렇다. 이럴 때는 소극적인 수법일진 몰라도 되도록 자기 의견을 말하지 않고 상대로 하여금 말하게 하는 것이 바람직하다. 하기야 아이디어라는 것은 인간생활을 풍요롭게 하고 나라와 민족에게 유일한 길잡이가 되는 것이므로 보다 질 좋고 실용성 있는 아이디어를 많이 생산하는 것이 좋은 것은 사실이다.

하지만 인간이 가지고 있는 지혜와 영감으로 만들어지는 아이디어가 본인의 입을 통하지 않고 남의 입을 통해 발표되는 소위 찬탈 행위만은 지켜져야 할 권리와 책임이 있기 때문에 아이디어를 지키기 위한 노력이 있어야 한다.

모두라고 할 수는 없지만 엉큼한 상사일수록 부하의 아이디어를 훔치려 하고, 일단 훔친 아이디어는 매우 유효하게 써 먹는다는 것을 알아야 한다. 자기의 아이디어를 지키기 위해서는 '되도록이면 상대에게 말을 시켜라. 그리고 자기 의견은 맨 나중에 한두 마디만 하라'는 경구를 기억할 필요가 있다.

단순한 아이디어뿐만 아니라 깊은 연구가 필요한 논문도 마찬가지다. 지금은 세계적으로 저작권법이 확산되어 지적 재산을 법적으로 보호받을 수 있지만, 암암리에 해적판이나 표절이 횡행하고 있다. 또, 기업 내에서는 산업 스파이가 있어 오랫동안 사활을 걸고 거금을 들여 개발한 신상품에 관한 정보가 경쟁회사나 경쟁국가로 팔려 나가기도 한다.

물론 그런 행위를 하는 사람은 당연히 법적 처벌이나 중징계를 받아야 하겠지만, 그렇게 되기 전에 보안을 철저히 하는 것이 더 중요하다. 그것은 타인을 의심하라는 의미가 아니라 타인으로 하여금 범죄의 유혹에 빠지게 하는 동기를 제공하지 말라는 경계 차원에서의 이야기이다.

CHAPTER 04

상사의 유형을 파악해야 한다

리더의 현명한 판단은

조직전체의 분위기를 바꾸기도 하지만

비합리적인 처신은

조직원들의 사기를 떨어 뜨린다

43
리더의 자격은 학력과는 무관하다

학력무용론의 신선한 바람이 불어 대기업에서부터 상당한 반향을 불러일으켰던 일이 있었다. 그때 많은 사람들은 참으로 합당한 문제 제기라고 환영의 뜻을 나타냈고, 이제야말로 기업 내에 편중되어 있는 학력주의가 개선되어 참된 인재의 적재 적소주의가 정착하겠구나 라는 기대를 걸었었다. 그러나 유감스럽게도 바람은 그야말로 소슬바람으로 스러져버리고 학력편중주의는 지금도 여전히 남아 있다.

일본의 학력무용론의 원조 주창자인 쏘니의 전 사장 모리다盛田照夫 씨에겐 대학에 못 들어간 자식을 가진 많은 부모들이 '귀하는 학력무용론을 실천하고 있다고 들었는데 저의 자식을 맡아 주시오'라는 청탁이 끊이지 않았다. 그러나 오늘날과 같이 학력주의가 여전히 편중되고 있는 풍토 아래서는 이 문제가 쉽사리 개선될 것 같지 않다.

그렇다면 도대체 인간의 능력과 학력과는 어떤 관계가 있는가?

일류대학을 졸업한 자만이 관리자로서 적합하다는 증명이 내려진 적은 아직까지 없다. 사람은 그 나름대로 타고난 성격과 능력이 있고 거기에 걸맞는 자리가 있다.

일류대학을 졸업한 사람일지라도 많은 사람의 윗자리에서 지휘하고 통솔하는 것보다는 혼자서 차근차근 연구에 몰두하는 것이 적합한 경우가 있는가 하면, 학력은 없더라도 많은 사람을 지휘, 통솔해 낼 수 있는 사람도 있다.

그렛지머의 주장에 따르면 분열형分烈型의 인간은 비사교적으로 주위에 대해 무관심한 자가 많고, 관리직보다는 전문직에 적합하다는 것이다. 그들은 소극적이면서 도피적인 행동을 취하는 반면, 타인에 대해서 신랄하게 야유를 퍼붓는다든지, 때에 따라서는 끔찍스러운 잔인성을 보이는 경우도 있다. 뿐만 아니라 별것 아닌 일에도 망설이기만 할 뿐 좀처럼 결단을 내리지 못한다. 이런 사람을 일류대학을 나왔다고 해서 리더의 자리에 세운다면 어떻게 되겠는가?

말하자면 일류대학을 나왔다 해도 소극적이고 도피적이며, 협동적이기보다는 이기적인 사람을 상사로 모시게 될 경우, 그 부하 직원은 큰 불행을 면치 못하게 되고, 타율적인 불행 때문에 개인의 발전에까지 지장을 받지 않는다는 보장이 없다. 따라서 기업이나 조직관리자는 이 같은 분열형의 사람은 리더의 자리에 앉히기보다는 단독으로 할 수 있는 일 쪽으로 옮겨 앉히는 것이 현명하다.

반대로 사교적이고 현실적이면서 됨됨이가 서글서글한 사람은 관리직이나 협동을 요하는 자리에 밝히는 것이 적재적소의 인사관리가 될 것이다. 구체적으로 말하면, 고지식하고 깐깐한 성질의 사람은 경리일이 적격이다. 하지만 이 같은 견해도 일반적인 성격론에 불과하기 때문에 단정하기는 어렵다.

어쨌거나 부하 된 입장에서 상사를 평가할 때는 그가 어느 대학을 나왔는가에 잣대를 둘 것이 아니다. 그렛지머의 성격 분류에도 비판의 여지는 있으나, 이 점을 참고로 한다면 크게 손해 볼 일은 없을 것이다. 인간은 자기 능력껏 살 권리가 있다.

44

고압적인 상사일수록 윗사람에게는 간신 짓을 한다

회사나 조직의 명령이 위로부터 아래로 전달되는 과정에서 강제력이 강화됨으로써 부하를 괴롭히는 사례가 많다.

예를 들어, 사장이 '여보게, 이 일을 잘 해 볼 수는 없겠는가. 조금만 힘을 들이면 될 것 같기도 한데 말일세'라고 큰 부담 없이 담당 부장에게 말한다. 그런데 부장은 사장의 말이라면 무슨 수를 써서라도 해내야 한다고 믿은 나머지 사장의 말에 자기의 의사를 곁들여 '어떻게 해서든지 성취되도록 해 주게'라고 과장에게 명령한다. 그러면 과장은 계장에게 '이 일을 못해 내면 회사가 위기에 직면한다. 어떤 일이 있더라도 꼭 성공시켜야 하네'라고 엄청난 명령을 내린다. 이 같은 경로를 거치다 보면 단순한 의뢰가 명령으로 변하고 그 명령은 밑으로 내려갈수록 절대성을 띠게 된다.

최악의 경우를 가정한다면 말단 평사원한테 이 명령이 도달되었을 즈음에는 '이것이 잘못되었을 적에는 회사를 그만두어야 하네'로 변질되기도 해서 심각한 지경에 이른다. 중간 관리자는 윗사람의 명령이라면 지상의 과제로 받아들이는 속성이 있기 때문에 사장이 한 말이 무리하다고 생각되거나 무의미하다고 판단되더라도 거기에 감히 역행하려 들지 못한다.

뿐만 아니라 윗사람에 대한 승복이랄까 양보하는 마음이 아랫사람에 대한 압력으로 전환된다. 그렇게 되면 당하는 사람은 부하들이다.

'해내지 못하면 회사를 그만두라'는 말을 듣고 보면 문자 그대로 회사를 그만두든지 무의미한 줄을 알면서도 진행을 하든지 둘 중에 하나를 택할 수밖에 없게 된다. 이 같은 명령의 증폭작용은 집단이 불안한 심리상태에 빠졌을 때 발생하기 쉬운 유언비어와 같은 것이다.

정보가 부족하다든지 상황 판단을 할 수 없게 되었을 적에 외부 사람으로부터 전해 듣는 정보가 과장되어 점점 집단 전체를 위험한 상황에 빠지게 하는 것, 바로 이것이 공포의 무기, 무형의 폭탄인 유언비어이다.

일본의 니가타 지진 때 '강한 지진이 오지나 않을까?' 하고 걱정삼아 한 말이 '무서운 지진이 온다'라고 와전되어 시민들을 크게 놀라게 한 일이 있었다. 이렇게 유언비어의 위력은 실로 대단하다. 이같이 사람의 입을 거쳐 전달되는 정보는 불확정이 단정으로, 의문이 긍정으로 변하는 성격이 있다.

그런가 하면 경우에 따라서는 정보를 받아들이는 측이 희망적인 해석을 첨가해서 퍼뜨리는 수도 있지만, 대개의 경우는 과장되는 게 통상이다. 반면에 밑에서 위로 전달되는 정보도 윗사람의 판단을 흐리게 하는 경우가 많다.

'최근 영업 성적이 도무지 오르지 않아서 걱정입니다. 만약에 이 상태가 지속된다면 회사는 위기에 직면하고 말 것입니다.' 부하가 이렇게 충고해도 상사는 그대로 중역에게 전하지 않는다. '최근 성적은 떨어지고 있지만 크게 걱정할 것은 없습니다'라고 말한다. 결국 사장한테 도달되었을 때에는 '잘 되어 가고 있습니다'로 변해 버린다.

1997년, 한국에서는 IMF라는 국제통화기금을 수혈 받아야 했다. 그 원인을 하의상달이 되지 않아 일어난 인재라고 말하고 있다. 그것도 알고 보면 일개 회사에서 벌어지는 일이나 매한가지다.

이렇게 규명하고 보면 아랫사람에게 고압적이고 못 살게 구는 상사일수록 윗사람에게는 약한 존재라고 해석해도 크게 잘못이 아니다.

45

변화의 흐름을 읽지 못하는 상사는 발전이 없다

인간은 평등하다고 하지만, 어느 사회에나 계급이란 것은 있게 마련이다. 이 경우의 평등은 인권, 생존, 가치관에 관한 것일 뿐 모든 인간이 사회적 지위나 경제, 문화적으로 평등하다는 뜻은 아니다.

사람은 태어나면 본인의 의사에 관계없이 상하 좌우로 형성되는 계급의 틀에 묶이게 된다. 군대가 그렇고 직장이 그러하며, 심지어는 철부지들의 요람인 초등학교에까지도 계급의 힘이 파고들어간다.

특히 공무원의 경우는 종이 사령장 한 장으로 근무지가 바뀌는가 하면, 생사여탈이라고 해도 과언이 아닌 보임補任과 사직辭職을 감수하지 않으면 안 된다. 따라서 그들이야말로 가장 엄격한 계급사회의 피지배 계급층이라 말할 수 있다.

사장이나 중역이 승진하는 부하에게 발령장을 건네주는 장면을 상상해 보자. 왜 그런지 그런 광경은 뭐라고 말할 수 없는 비애감에 젖게 만든다. 한쪽은 한껏 권위 있게 '자네를 OO일자로 OO과장으로 임명하네' 하면서 커다란 은총이나 베푸는 것처럼 생색을 내고, 다른 한쪽은 긴장과 감사의 빛이 엇갈리는 표정으로 무슨 죄나 지은 듯한 태도로 엄숙하게 임명장을 받아든다.

우리는 한낱 가소로운 이 촌극에서 권위와 복종의 인간 드라마를 상징적으로 보게 된다. 이와 같이 사회생활의 요소요소에 많은 사람들이 권위에 맹종하고 있다. 그러나 현대의 젊은이들은 승진이나 승급에 따른 복종에는 상당한 거부반응을 나타낸다. 승진이나 승급이 자기의 능력과 노력에 따른 당연한 급부라고 생각하기 때문이다.

그럼에도 불구하고 케케묵은 생각을 가진 상사들은 기업 내의 환경이나 대우만 개선해 주면 모든 인간은 조직의 그물 속으로 기어 들어올 것이라 생각하고 있다. 인간의 사회적 욕구에는 지위욕과 명예욕, 권력욕, 그리고 집단 속에서 인정받고 싶어 하는 심리적 욕구가 있다. 그리고 이것은 사회의 변화와 함께 갖가지 형태로 변화무쌍하게 나타난다.

따라서 이 시대의 조직 관리자들은 현대의 젊은이들을 어떻게 복종시킬 것인가를 연구할 것이 아니라, 어떻게 조직과 함께 살아갈 수 있게 해줄 것인가를 생각하지 않으면 안 된다.

최근의 조사에 따르면 출세보다는 가정의 평화, 느긋한 노후생활을 바라는 젊은이가 점점 늘어나고 있다고 한다. 고도성장 시대에 출세한 상사들 가운데는 자신들이 겪었던 체험이 부하에게도 통용될 것으로 믿는 사람이 많다.

오직 직장을 위해서, 조직을 위해서 일하는 것만이 유일한 생존 방법이라고 생각하는 상사는 결코 바람직한 리더라 할 수 없다. 그런 사람 밑에서는 발전할 수 없기 때문이다.

46

무능한 상사일수록 무능한 부하를 좋아한다

뜻이 맞는 친구들이 자연스럽게 모이는 것을 일컬어 '무리는 친구를 부른다'라거나 유유상종하여 끼리끼리 모인다'라는 말로 비유하곤 한다. 다시 말하면 동류끼리 모이는 것은 동물의 본능이면서 물리적 자연현상이다.

그런데 직장에는 끼리끼리의 교제 외에 부하나 상사와 멋대로 가까이 함으로써 주위로부터 '깨소금 절구' 같다는 핀잔을 듣는 한약방의 감초 같은 친구들이 더러 있다. 이럴 때 부하의 입장은 이렇다 할 부담 없이 친밀감을 갖게 되지만 상사 쪽은 반드시 그렇지 않을 경우가 있다.

예를 들어, 그다지 능력이 없는 상사는 그 많은 부하직원 가운데서 자기보다 유능한 사원이 접근해 오는 것을 좋아하지 않는다. 다시 말하면 자기를 위협하는 존재를 배격하고, 그 대신 자기보다 못한 부하직원을 측근에 두고 싶어 하는 경향이 있다. 이런 유형의 상사들은 부하가 기발한 아이디어를 내놓는다든지, 예상치 못했던 문제를 제기하면 자기 방어라는 동물적 심리에 따라 얼굴빛이 달라진다.

원래 인간은 심리적인 방어수단으로 자아에 위협을 가하는 자를 배제하게 마련이다. 따라서 이 같은 관리직의 근성을 통틀어서 나쁘다고 말하기는 어렵지만, 어쨌든 피해를 입거나 피해를 입을 가능성이 있는 쪽은 부하들이다. 이런 심리적인 메커니즘이 위에서 아래로 흘러내리기 쉽다는 데 문제가 있다.

대학에서는 매년 교수 심사가 있는데 이렇다 할 연구 실적이 없으면서 연공서열에 따라 교수가 된 사람이 자신의 순위가 하락되는 것이 두려운 나머지 심사 기준을 보다 엄격하게 해야 한다고 주장하는 경우가 있다.

인간이란 어느 정도의 지위나 입장을 획득하게 되면 무의식중에 보호태세를 갖추면서 타인에 대해서는 공격적인 자세를 취하게 된다. 러시아워 때 버스나 지하철은 초만원이게 마련이다. 타기는 타야겠는데 들어설 틈은 없고, 그렇다고 포기할 수도 없다.

결국엔 '조금만 들어가 주세요' 하면서 밀고 들어가는 것이 보통이다. 숨통이 막힐 지경이지만 탄 것이 그래도 다행스러워진다. 그리고 다음 정류장에 버스나 지하철이 멈추었다. 출입문이 열리면서 또 다른 승객이 밀어닥친다. 그러면 앞 정거장에서 겪은 체험을 토대로 '자아, 조금씩만 들어가 줍시다'라는 말에 응하거나 아니면 못 들은 척 외면해 버릴 것이 분명하다. 이 사실에 대해서 스스로는 부정할지 모르지만 정도의 차이는 있어도 누구에게나 그런 생각이 내재하고 있다.

인간은 그래서 이기적인 동물이라고 한다. 무능한 상사일수록 무능한 부하를 좋아하고, 자기 분수를 모르는 자일수록 자신에게 부여된 지위를 자기 힘으로 확보한 것으로 착각하게 된다.

47
편집형의 상사는 시기와 의심이 많다

회사의 상사 가운데 만약에 기가 세고 활동적이면서 적극적인, 말하자면 원맨 타입의 사람이 있다면 당신은 주변을 좀 더 깨끗하게 정리정돈 해 두는 것이 좋을 것이다. 이런 타입의 사람은 소위 편집형偏執型으로서 시기심이 강한데다가 있지도 않은 일에 의심을 하는 경향이 있기 때문이다.

이 편집형이라는 것은 심인성 질환으로 정신병에서 비롯된다. 이것은 망상을 중심으로 한 정신병리적인 현상인데 그 진행과정이나 나타나는 양상이 매우 재미있다.

우선 제1기에는 소위 관계망상의 시기로 부하가 자기에게 인사를 하지 않기 시작했다든지, 회사 내의 모든 사람이 자기에 대해 좋지 않은 소문을 퍼뜨리고 있다는 등, 매사를 자기와 결부해서 생각해 버린다. 여기서부터 시기심이 강해지기 시작하고 주위의 변화를 분석하면서 스스로 번뇌 속에 빠져든다.

그러다가 제2기의 피해추적병기被害追跡病期에는 위에서 말한 제1기 증상보다 확실하게 현실적이 되고 환청현상까지 나타난다. 이 시기가 되면 실제로 남들이 아무 얘기도 하지 않고 있는데도 그의 눈에는 뭔가가 보이고, 귀에는 자기의 험담이 들리는 것으로 착각하게 된다. 이를테면 피해망상, 추적망상이 마음의 전부를 지배하게 됨으로써 밤낮없이 그 일만을 되풀이해서 생각하게 된다.

제3기의 인격변환기人格變換期에 들어서면 이번에는 과대망상이 나타난다. 남으로부터 그만큼 공격을 당하고 시기를 살 만큼 된 데는 자기 자신이 얼마나 강자이며 모든 일에 능한 대물인가라고 생각하게 된다.

결국 자기 자신에 대한 과대망상이 절정에 다다르면 안하무인격으로 교만해지게 되고 감히 정상인으로서는 상상도 못할 정도로 거리낌 없이 독선을 해댄다. 또한, 굉장히 기분이 좋아지면서 지금까지 남들이 자신을 수없이 박해하고 모략했지만 나는 살아 남았노라는 말과 생각을 반복하며 '자신이야말로 최대의 인물'이라고 잘난 척하는 것이다. 편집증의 독선적인 관리자를 모두 정신질환자라 할 순 없지만, 이와 유사한 성격의 소유자가 많은 것은 사실이다.

많은 신흥종교의 창시자 가운데 분열증이나 편집병자가 많다고 하는데 기업을 창업한 사장 가운데도 가끔 편집증 증세를 보이는 이들이 있다. 그들의 대부분은 이중성격자로, 이기적이고 욕심이 많으며 독단하면서 자기만이 옳다고 주장하는가 하면, 남을 심하게 공격하는 배타적인 버릇을 가지고 있다.

이런 부류의 사람은 모든 부하를 의심하기 십상으로, 과장을 불러 추궁하다가 과장의 대답이 애매하면 '너도 한패거리'라는 식으로 몰아세운다. 심한 경우는 조직 내에 탐정사원을 두기도 하고, 변호사를 고용해서 소송을 일삼기도 한다.

그런 사람들은 얼핏 황소와 대결하는 개구리 이야기를 생각나게 한다. 개구리가 황소를 이기기 위해서 배에 잔뜩 바람을 집어넣다가 급기야는 배가 터져 죽고 만다는 이솝우화 말이다.

겉으로 큰 인물로 보이는 상사일수록 부하를 의심하는 수가 많으므로 상사의 심층심리를 읽는 기법부터 터득할 필요가 있다.

48

권력을 과시하는 것은 무력감과 불안감 때문이다

옛 부터 상급자의 '부하 골리기'가 군대의 특성처럼 존재했다. 비단 군대에만 그치지 않고 상하관계가 성립되는 조직세계에는 으레 있는 일이다. 당연히 부하는 일할 기분이 나지 않는다.

이 장에서는 상사나 부하에 대한 심리를 분석하여 상사나 부하의 본심을 읽어 내는 독심술을 공개하려 한다. 이 장을 다 읽고 나면 '상사라는 존재도 그리 강한 존재만은 아니구나' 하는 생각이 들어서 불안했던 마음을 가라앉힐 수 있을 것이다.

우선 스탠포드 대학의 심리학 교수인 진 발드의 유명한 실험부터 소개하기로 한다.

미리 양해를 구해 두었던 학생들을 대학 지하실의 준비된 감옥에 수감했다. 그리고 그들을 관리하도록 명령받은 간수역의 학생들을 투입했다. 이 실험의 취지는 간수역의 학생이 수인역을 맡은 학생에게 어떤 태도를 취하는가를 조사하기 위한 것이었는데 실로 놀랄 만한 사태가 발생했다.

간수역의 학생들이 차차 사디즘적인 변태 경향을 나타내면서 수인들을 아침 일찍 일어나게 해서 점호를 취하는가 하면, 점호할 때 꿇어 앉게 한다든지 몽둥이로 때린다든지 하는 난폭한 행동을 서슴지 않았다. 결국 이 실험은 인권유린의 우려가 있다 하여 중지할 수밖에 없었지만, 이 실험은 인간이 우위에 서게 되면 약자에 대하여 변태적 공격을 가하는 묘한 성격을 가지고 있다는 사실을 밝혀냈다.

사회학자 에리히 프롬은 이 같은 권위주의적인 인격은 유력과 무력이라는 양극성 성격에서 나타나는 것이라고 말했는데, 권력에 대해서는 복종적이다가도 무력한 자에게는 공격적으로 나오는 것은 무력감이나 불안감을 극복하기 위해서라는 것이다.

프롬은 이와 같은 양극성을 변형된 메저키즘피학대 음란증이라고 불렀다. 중간 관리자라면 누구에게나 정도의 차이가 있을 뿐 양극성을 잠재적으로 가지고 있다고 보아야 할 것이다.

부하로부터 가장 미움 받는 상사는 윗사람에게는 약하고, 아랫사람에게는 강한 호랑이 위세를 빌린 여우형이다. 그런데 이 형의 상사들은 십중팔구 변형된 메저키즘적인 학대 기질이 있어서 부하로 하여금 일의 흥미를 잃게 하는 경우가 많다.

반면 위쪽에도 약하고, 아래쪽에도 약한 중간 관리자는 가정에 돌아가 아내와 아이들을 괴롭히는 폭군으로 변하는 경우가 많다. 이들은 자기의 무력감이나 불안감을 이런 방식으로 해소하는 것이다.

여기까지 알고 보면 겁먹고 있었던 상사라는 대상도 보통의 인간이라는 것을 알 수 있게 되고, 어떤 면에서는 그들이 하급자보다 심리적으로나 정신적으로 더 불안정하다는 것도 이해할 수 있다.

49

정보는 생선과 같아서 신선도가 중요하다

아마추어 마술협회가 있다. 이 클럽은 비밀유지라는 회의의 성격상 한정회원제로 운영되고 있다. 그것은 회원 각자가 고안해 낸 마술의 비밀을 유지하기 위해서이다. 마술의 재미는 다른 사람들이 그 비밀을 모른다는 우월감에 있다. 본래 인간은 우월감을 갖고 싶어 하기 때문에 되도록 많은 정보를 독점하여 타인에게는 알려주지 않으려는 심리가 있다. 이 마술협회 또한 기술 혹은 정보의 독점에서 그 쾌감을 찾고 있는 것이다.

다른 사람이 모르는 것, 지독히 알고 싶어 하는 것을 혼자서만 알고 있다는 것은 기분 나쁜 일이 아니다. 그것은 기술뿐 아니라 물건의 경우도 비슷하다. 이를테면 희귀한 골동품이나 고서화 같은 것을 갖는 재미, 좋은 물건을 싸게 사는 곳이나 사는 방법 등을 혼자만 알고 있는 것도 이런 심리에 속한다.

마술과 같이 정보마술의 기법를 알고 있는 사람이나 모르는 사람이나 그저 웃고 즐길 수 있는 경우라면 별 문제가 없지만, 기업 조직의 상하관계처럼 현실적인 이익이 그 속에 내재되어 있을 때는 웃어넘길 일이 못 된다.

악의를 가지고 부하를 골리는 경우와는 달리 진작 부하에게 알려주었어야 할 정보를 상사가 움켜쥐고 내놓지 않았을 때의 경우는 여간 심각한 것이 아니다. 이런 일은 공명심이 강한 상사에게서 자주 볼 수 있다. 그렇지만 부하의 협력 없이 혼자서 해내는 경우라면 모를까 그렇지 않을 경우에는 일을 송두리째 그르치는 수도 있다. 즉, 정보관리는 중역이나 고위 관리직에 있는 이들로 충분하다고 믿는 경우가 바로 이런 것들이다.

그렇게 되면 실제로 일을 해야 하고 또 문제를 풀어 나가야 할 하위직의 일꾼들은 일의 윤곽조차 알 수 없는데다가 방향마저 파악할 수 없게 되어 작업을 하지 못하고 지쳐 버리고 만다.

정보는 정확할수록 좋고 또 그 전달이 신속하면 더 좋다. 그런데 상사들 가운데는 정보를 독점하겠다는 생각에 빠져 적절한 때를 놓치는 경우가 의외로 많다. 알고 보면 열등의식이 클수록 정보 독점을 좋아하는 특징이 있다.

대개 이런 유형의 상사는 자기의 우월감을 충족시켜 주지 않는 유능한 부하를 경원하는 경향이 있다. 서로 경원하고 견제하는 동안에 정보 유통은 정지당하고 마침내는 한 부서 또는 회사 전체가 활기를 잃어버리고 만다.

정보는 생선과 같아서 신선도가 높을수록 가치가 있다. 때가 늦고 진부한 것이 되면 아무 짝에도 쓸모없는 한낱 소문에 그치고 말기 때문이다.

'무능한 상사를 받들고 일하는 것만큼 큰 비극은 없다'라는 말은 이래서 생겨난 말이다. 이런 상사에게는 무능한 것처럼 위장해서 접근해 가는 것도 하나의 방법이 될 수 있다. 유능한 사원을 경계하고 경원하던 무능한 상사도, 무능해 보이는 부하에게는 선뜻 본심을 드러내기 때문이다. 속담대로 '꿩 잡는 것이 매'라는 이치와 같다.

인간에겐 경우에 따라서는 위선도 무기일 수 있다는 것을 알아둘 필요가 있다.

50
경험 위주의 상사일수록 사고의 융통성이 없다

교사 가운데는 학생들의 학습 의욕을 떨어뜨리고 창조성마저 빼앗는 이들이 의외로 많다. 그런데 놀라운 것은 이 유형의 교사들 중에는 베테랑인 경우가 많다는 사실이다. 연구에 의하면 이런 유형의 교사는 첫째, 유머가 결여되어 있고, 둘째는 예의나 형식을 갖추는 일에 매우 까다로우며, 셋째는 언제나 자기의 견해나 사고방식을 학생들에게 일방적으로 강요하거나 동의해 주기를 바란다는 특징이 있다.

마찬가지로 기업 내의 베테랑 과장이나 부장급 가운데도 이와 비슷한 사람이 적지 않다. 그들은 왜 자신들의 경험에 집착하는 것일까?

그것은 자기가 어떤 문제를 해결하고 났을 때의 경험이 강렬하게 기억에 남아 있어서 그 경험에서 비롯되는 암시의 지배를 받기 때문이다. 그는 그 방법경험이야말로 최상의 것이라고 단정한 나머지 사고의 융통성을 상실해 버리고 만 것이다.

A. S. 류틴스라는 심리학자의 실험에서도 이 같은 경험 집착의 인간 심리가 입증된 바 있다. 즉, 같은 방법으로 몇 가지의 수학 문제를 풀게 한 후 보다 간단한 방법으로 풀 수 있는 문제를 냈더니, 그들은 간

단한 방법으로 풀려고 하지 않고 여러 번 경험한 바 있는 전자의 어려운 방법으로 풀더라는 것이다.

류틴스는 이 실험에서 같은 방법으로 풀 수 있는 문제를 계속해서 다섯 번 내고, 여섯 번째부터는 아주 간단한 방법으로 풀 수 있는 문제를 내놓고 나서, 그가 몇 번째부터 새로운 방식에 적응하는가에서 그 사람의 사고력의 유연성을 테스트하려 했던 것이다.

그런데 실험 결과 여섯 번째부터 제시한 간단한 방법으로 문제를 푼 사람은 불과 얼마 되지 않았다는 사실이다. 말하자면 과거의 경험이 사고의 융통성을 방해했다는 얘기다.

'경험이 풍부한 베테랑 간부일수록 사고의 융통성이 없다'는 얘기는 바로 이 실험을 통해서 입증되었다. 그들은 자기가 하고 있거나 해 온 방법이 가장 적절하며, 최상의 것이라고 독단한 나머지 그 방법만을 고집하고 그것을 부하에게 일방적으로 밀어붙인다. 더구나 그들은 그 방법에 자신이 있는데다가 익숙하기 때문에 이것저것 잔소리도 늘어놓게 된다.

그들은 이 방법이 아니고는 마음이 놓이지 않는다는 그 나름의 이유도 있겠지만, 마음 한 구석에는 자기의 경험보다 훌륭한 경험자가 부하 중에서 나타나는 걸 두려워하는 면도 없지 않다.

결국 이런 유형의 상사는 부하의 발전을 바라는 마음보다 부하가 언제까지나 자기의 영향권에서 벗어나지 않았으면 하는 소인배적인 심리가 작용하고 있다고 봐야 할 것이다.

51

윗사람의 특별 초대에는 까닭이 있다

어느 날 갑자기 특별한 이유 없이 술자리 등의 사석에서 부하 직원을 부르는 상사가 더러 있다. 하지만 그런 곳에 상사로부터 초대받았다고 좋아하는 사람은 별로 많지 않다. 그러나 과거의 수직사회 시절에는 상사로부터 초청받는다는 것을 무조건 기분 좋은 일로 생각하기도 했다. 평소 접근하기 어려웠던 상사와 자유스러운 자리에서 적나라한 만남을 갖는다는 것은 신뢰의 중요한 계기가 된다고 믿었기 때문이었다. 일을 할 때는 잔소리를 퍼붓지만 일단 일이 끝나면 소탈한 인간으로 되돌아가는 상사일수록 사원 간에 인기가 높았던 것이다.

미국의 사회학자 퍼존스가 제창하고 있는 가치 척도의 이론 가운데 무한정성Diffuseness과 한정성Specificity이라는 것이 있다.

무한정성이라는 것은 기업 내의 일을 한정성 없이 마구 시키는 것을 말한다. 그리고 한정성이란 공 · 사간의 구별이 확실한 것을 말한다. 요즘은 무한정성에서 한정성의 방향으로 근접되어 가고 있는 추세이지만, 아직도 무한정성의 의식이 상하 간에 짙게 존속하고 있음을 엿볼 수 있다.

이렇게 바람직스럽지 못한 의식이 어째서 없어지지 않고 존속하는 것일까? 바로 현대의 기업이 가져온 인간 박해 때문이다.

고도로 기능화 된 조직은 그 조직의 내부에서 해결할 수 없는 부분을 외부에서 해결하도록 작용시키는 기능이 남아 있다. 격식이 있는 조직 속에서 생긴 모순을 격식이 배제된 곳에서 해결하려는 작용이 그것이다.

더구나 이 같은 일은 따로 조직의 명령이나 지시라는 형식을 취하지 않고 조직 속의 적당한 구성원이 무의식중에, 그것도 마치 자기의 의지인 양 행동하는 데 병폐가 있다. 또, 일을 하는 가운데서 받은 굴욕감이나 부하를 못 살게 군 뒤의 불안감, 당연히 따라 주어야 할 부하가 잘 따라 주지 않는 데 대한 고민, 능력주의가 몰고 온 동료와의 거리감 등등 기업 내의 모순을 격식이나 형식을 차리지 않는 격식이 배제된 장소에서 풀려고 하는 것이다.

물론 인간사회란 공식적인 것만이 존재하는 것이 아니라 비공식적인 일도 있다. 그것은 사회적 모순과 인간의 불신이 깊어질수록 비공식적인 접촉이 많아지게 마련이므로 사회 정의를 지킨다는 의미에서도 마땅히 경계되어야 하지만 그것이 없어질 수는 없다.

어느 날 갑자기 격의 없는 장소에 초대해 준 상사가 오해를 풀자고 할 때, 그것이 진실이면 액면 그대로 받아들여도 무방하겠지만, 대개의 경우는 배후에 어떤 문제점이 있다는 것을 잊어서는 안 된다. 격식이 있는 관계에서 격식이 없는 관계로 전환하는 과정에는 무슨 까닭이 있게 마련이기 때문이다.

문제는 그 까닭이 무엇인가라는 데 있다.

52
민주적 결정은 책임 회피의 소지가 있다

기존에는 경영학이나 경영심리학에서는 민주적인 리더가 최고라고 평가되었었다. 하지만 과연 그럴까?

미국의 심리학자 리빗드와 화이드가 이를 실험하고자 보이스카우트 대원들로 하여금 나무틀에 여러 겹의 종이를 붙여 말린 뒤에 그 틀을 뽑아내어 인형을 만들게 했다. 그러면서 독재형과 민주형, 방임형의 세 파트로 나누어 그들의 행동과 작업능률에 어떤 영향을 나타내는가를 조사했다.

첫 그룹에는 모든 일을 자기 혼자서 결정하여 그것을 명령 · 감독하는 독재형의 리더가 배치되었다. 두 번째 그룹에는 일의 진행을 모든 참가자가 토론하고 작업의 전망 등에 대해서도 집단 토의하는 민주형의 리더가 배치되었다. 세 번째 그룹에는 모든 것을 방임해서 무슨 일이든지 알아서 하라는 식의 무관심한 리더가 배치되었다.

그 결과 민주형의 리더 밑에서는 공동 의식이 생겨 멤버 상호간에 굳은 결속과 우정이 생겨나는 것을 알 수 있었다.

레웬은 '나'의 'I'와 '우리들' 'We'가 어떤 비율로 쓰이는가를 조사했다. 그런데 민주형의 경우 0.39의 비율을 나타낸 데 비해 독재형의 경우에는 0.29라는 낮은 비율을 나타냈다. 즉, 민주형의 리더 아래서는 친구 또는 집단의식이 한껏 높아진 것을 증명했을 뿐 아니라 작업의 능률이나 작업 결과에 대해서도 가장 높은 수준을 나타내 보였다.

그 결과 민주형 리더의 멤버일수록 능률적이며 친숙해지고, 이상적이라는 결론을 얻게 되었다. 그러나 우리의 현실 내부를 들여다보면 앞서와 같은 이상적인 리더가 별로 눈에 띄지 않는다.

기업 내부를 좀 더 주의 깊게 관찰해 보면 대개가 민주적이라는 미명 아래 '방임형'인 경우가 의외로 많은 데 놀라지 않을 수 없다. 그런데 최근에는 소위 민주적인 리더라고 자칭하는 사람 가운데 의사 결정의 한계까지는 '민주적'이라는 말을 자주 쓰다가 결정 이후의 책임은 모두 부하에게 떠맡기는 유형이 많아졌고 이것이 하나의 특징처럼 되어 버렸다. 실로 어처구니없는 일이다.

민주주의가 아니더라도 의사결정자는 그 일의 최후까지 책임을 져야 한다. 그런데 그들이 '책임 회피'를 일삼고 있으니 부하의 입장에서는 하나도 고마울 것이 없다. 따라서 부하로서는 일견 민주적으로 보이는 상사일수록 무책임한 민주적 방임형인가, 의사결정을 자기 멋대로 내리고 마는 민주적 독재형인가를 충분히 살필 필요가 있다.

편리할 때는 민주적이었다가 불편할 때는 회피하는 리더 아래서는 능률을 기대할 수 없기 때문이다.

53

문호 개방은 문호 폐쇄나 다름없다

직장인들은 저마다 각기 다른 문제의식이나 소망 또는 재능을 가지고 있다. 따라서 조직 속에서 공동의 목적을 향해 일할 때 일상의 충돌, 주장 등 모순이 생기는 것은 너무나 당연한 일이다. 그것은 동료끼리 일어날 때도 있고 상하관계 속에서 일어날 수도 있다.

월드 엔터프라이즈 세계기업으로 유명한 IBM에는 문호개방정책 open-door policy이라는 제도가 있다. IBM의 창립 당시 워싱톤 1세가 이와 같은 사원들의 불평과 불만을 언제 어디서라도 들을 수 있게 하기 위해 하루 종일 사장실 문을 열어 두었던 것이다. 이 방법이 차차 제도화되었고 오늘날에 와서는 급속도로 활성화되어 크게 성과를 올리고 있다. 그런데 이 방식을 동양, 특히 한국이나 일본 등에서 채택해 실행해 보고는 의외로 잘 되지 않는다는 지적이 많다.

그 까닭은 여러 가지가 있겠으나 가장 핵심적인 이유는, 한국이나 일본은 아직도 직장에서 대등한 인간관계가 정착되어 있지 않기 때문에, 위에서 아래로의 수직적인 관리적 발상이 아무래도 전면에 나타나는 경향 때문이라는 것이다.

아무튼 IBM 방식은 일견 사원의 불평이나 불만 혹은 건의사항 등을 수렴해서 해소시켜 주는 방법으로 이해되고 평가되고 있다. 그러나 여기에도 관리하는 측의 심리적인 함정이 숨겨져 있다는 것을 알아야 한다.

인간은 생리적 욕구나 사회적 욕구를 외부로부터 저지당하면 당연히 불평과 불만을 가지게 된다. 그래서 그것을 해소시켜 주자면 욕구를 저지시키는 원인을 근본적으로 제거해 주어야 한다. 그러나 '어떤 불평과 불만도 들어줄 테니까 와라'는 발상은 위쪽에서 결정된 것에 불과하다.

부하 직원은 이 '언제라도 좋다'는 찬스가 보장되고 있는 동안, '우리의 불평은 언제라도 들어줄 사람이 있다'라고 믿어 버리고 만다. 즉, '언제라도'라는 안도감과 함께 낙관적인 심리가 생긴 나머지 모든 문제가 해결된 듯한 착각을 일으킨다.

어떤 문제에 대해 안도감과 낙관적인 생각을 갖는 것이 나쁘다고 할 수는 없으나 그가 생각하고 있는 것만큼 문제가 해결되고 있느냐 하면 그렇지도 않다는 데 문제가 있다. 이 착각이 남아 있는 동안 문제의 본질은 한 가지도 개선되거나 해결된 것이 없다.

결국 많은 사원들은 활짝 열려 있는 사장실로 들어가지도 않지만, 그렇다고 불만을 마구 해대는 일도 없이, 무자각적으로 불만과 불평을 축적해 가는 결과가 되고 만다. 상당히 강인한 정신력과 인내심을 가진 자, 즉 강심장이 아니면 모두 자연 도태되고 만다는 점을 문호개방의 발상자는 미리 알고 있는 것이다.

개인이 조직 속에서 '사는 보람'을 구하려고 애쓰고 있을 때, 조직관리자 측은 개인의 인간성을 어떻게 하면 본인에게 자각시키지 않고 개인의 생각을 하지 못하게 하느냐를 생각하고 있다. 또 '불평을 털어놔라'는 것은 '털어놓지 말아라'를 뒤집은 것에 지나지 않는다. 이만큼 조직의 인간관리 전술이 고도화되고 있다. 따라서 부하로 있는 동안에는 상사의 마음을 읽는 기술이 절대적으로 필요하다.

54

예스맨과 노맨은 의도적인 산물이다

상사 중에는 직원들에게 '예스맨이 되지 말아라', 예를 들어 사장이나 회장에 대해서도 '노라고 말할 수 있는 용기를 가져라'고 말하는 사람이 있다. 상사가 시키는 일이라면 무조건 '예스' 할 수만은 없는 것이 사람이다. 그렇다고 '그렇습니까?'라고 노맨이 될 만큼 사람은 단순하지도 않다. 다만 질문 여하에 따라 상대가 예스맨이 될 수도 있고, 노맨이 될 수도 있다는 점을 눈치 채지 못하고 있는 수가 있다.

'오늘은 참으로 좋은 날씨 아닌가?', '부인께서는 건강하시겠지?', '자네도 벌써 입사한 지 10년이 지났네' 등 상대가 예스라고 대답할 수밖에 없는 질문을 하고 나서 '이번에 자재 구입은 A회사에 부탁하는 것이 어떻겠는가?'라는 중요한 질문을 던지면 상대는 예스라고 대답할 수밖에 없게 된다.

결국 그 상사는 노맨이 되라고 말했지만 사실은 예스맨이 되어 주길 내심 바라고 있었던 것이다. 만약 A회사의 자재를 구입하기를 원하고 있는 상사에게 B회사가 아니면 안 된다고 노! 했다면 그 상사는 이 녀석의 목을 쳐야겠다고 생각했을 게 뻔하다.

인간이란 대화의 답변이 준비되어 있을 때는 상대의 질문에 따라서 '예스냐, 노냐'의 대답을 할 수 있지만, 그렇지 못한 경우에는 자연히 입을 다물게 되고 본심과는 다른 엉뚱한 말을 하게 마련이다.

V. 페카드의 책에 나오는 전당포 조사에 관련된 이야기를 보면 '당신은 전당포에 간 일이 있었습니까?'라고 직접적인 수법으로 물으면 대개는 '예스'라고 솔직하게 대답하지 않았다고 한다. 또한, 전당포의 단골 명부에서 선별해 낸 특정한 사람에게 물었을 때도 태반의 사람들이 즉석에서 '노'라고 대답했다고 한다. 인간이란 자기의 치부를 드러내기를 좋아하지 않으며, 그 치부를 되도록 감추려 하는 심리가 내재되어 있기 때문이다. 이런 논리로 보면 '예스냐, 노냐'의 대답은 사실상 애매모호한 것이며, 설혹 그가 '예스'라고 했다 하더라도 진심으로 동의했다고 볼 수는 없다. 그렇다고 '노'라고 대답했다고 해서 그가 신념을 가지고 반대를 했는지도 속단하기 어렵다.

그럼에도 불구하고 인간은 '예스냐, 노냐'는 질문 공세에 직면하게 되고, 또 질문에 대해 책임이 있든 없든 간에 대답을 하지 않으면 안 될 입장에 놓이게 된다. 따라서 인간관계의 심리적인 메커니즘을 무시하고 '저 녀석은 예스맨이다', '저 친구는 노맨이다'라고 멋대로 딱지 붙이기를 좋아하는 상사라면 비교적 소박한 인간으로 보아도 좋다.

그러나 대개의 경우 부하의 심리를 미리 읽고 나서, 교묘한 질문을 던져 부하의 입에서 자기가 바라는 대답이 나오도록 유도하는 지능적인 상사가 있다는 것을 알아야 한다. '가장 용감한 사람은 노를 평생에 한 번밖에 안 한다'는 말이 있다. 이 말은 '노우'라는 대답이 얼마나 어려운 것인가를 잘 나타낸 말이다. '노'라고 해야 할 때에 '예스'라고 하는 사람은 이미 죽은 거나 마찬가지다.

KEYBOARDS
Logitech Access
Logitech Access

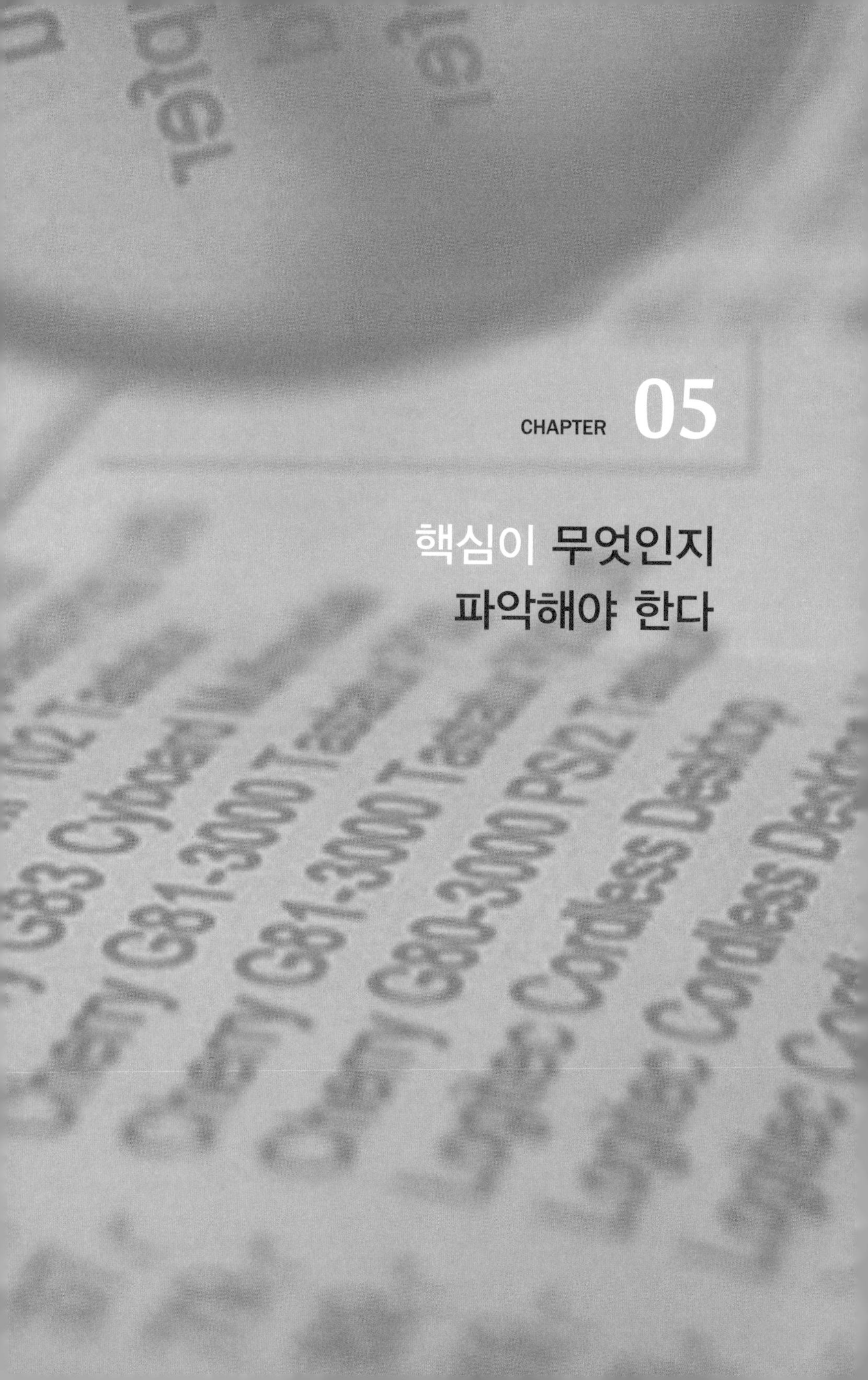

CHAPTER **05**

핵심이 무엇인지 파악해야 한다

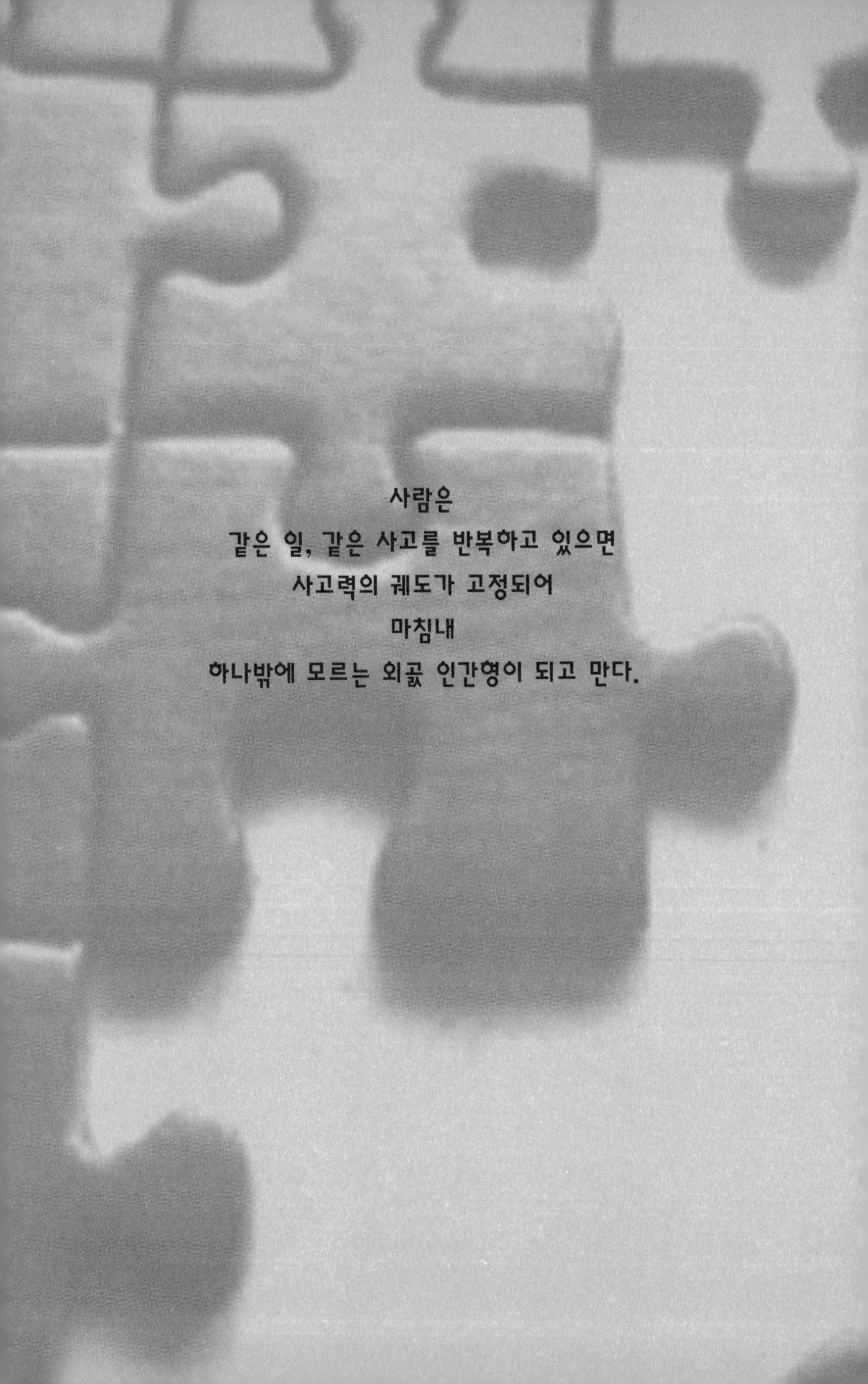

사람은

같은 일, 같은 사고를 반복하고 있으면

사고력의 궤도가 고정되어

마침내

하나밖에 모르는 외곬 인간형이 되고 만다.

55
인권보다 효율만을 강조하는 것은 잘못이다

러시아 문호 도스토예프스키가 시베리아에 유배되어 강제노동을 당하고 있을 때의 실화 한 토막을 소개하려 한다.

그는 고통을 이겨내지 못한 나머지 발광 직전의 상태에 이른 적이 한두 번이 아니었다. 그에게 부여된 일이란 몇 개의 물통에 든 물을 다른 물통으로 옮기는 작업이었다. 단순해 보이는 이 작업이 왜 그에게 고통을 안겨 주었을까?

그 까닭은 한쪽 물통의 물을 다른 물통으로 전부 옮기고 나면 다시 빈 물통으로 옮기도록 강요받았기 때문이다. 그 작업은 아침부터 밤 늦게까지 몇 번이고 반복되었다. 끝없는 단순작업의 반복이 인간 심리에 주는 고통은 매우 커서 실제로 그 작업을 하다 미쳐 버린 죄수가 적지 않았다. 참으로 모골이 곤두설 얘기가 아닐 수 없다.

그런데 유배지도 아니고 혹한의 땅도 아닌 현대의 기업에서 이 같은 일이 일어나고 있다고 한다면 당신은 믿겠는가? 사실은 극도로 자동화가 잘 이루어진 공장일수록 시베리아 유배지와 큰 차이 없는 비인간적인 현상이 일어나기 쉽다.

자동차 왕 헨리 포드가 '흐르는 작업 시스템'을 개발한 이래 작업의 효율성은 획기적으로 높아졌지만 모든 근무자들이 철저히 분업화된 단순작업을 매일같이 되풀이하게 되었다. 미국의 어떤 자동차 공장에서 180명의 공원에 대해 작업의 조작수操作數와 일에 대한 흥미도를 조사했더니 하나의 조작을 되풀이하고 있는 사람과 다섯 가지를 조작하고 있는 사람의 '일에 흥미가 없다'고 대답한 수치는 전자와 후자가 크게 달랐다고 했다.

하나의 조작을 되풀이하고 있는 사람은 67퍼센트인데 반해, 다섯 가지를 조작하고 있는 사람은 30퍼센트에 지나지 않았던 것이다. 이것은 무엇을 말하는가? 일이 단순하면 할수록 일에 대한 흥미를 못 느낀다는 것을 단적으로 보여주는 증거이다.

인간은 단순 동일한 행동을 장시간 계속하게 되면 우선 체력적으로 못 배겨 내게 되고, 2차적으로 심리적 피로와 고통을 겪게 된다. 그럼에도 기계화의 발상은 증대되어 가고 있고, 이 발상은 두말할 것 없이 효율화라고 하는 데 목적을 두고 있다. 이런 측면에서 밝은 오토메이션 사상이나 현대의 컴퓨터 지향적인 생각이나 모두가 같다고 할 수 있을 것이다.

인권보다 효율을 중히 여기는 사상이 농후하게 남아 있는 한 지금까지 언급한 심리적 저항감은 사라지지 않을 것이다. 뿐만 아니라 효율을 노린 나머지 인간 심리를 무시한 대가로 되레 효율이 떨어지고 있다는 사실에 대해 현대의 조직이나 기업은 인정하려 하지 않고 있으니 개탄할 일이다.

56

외곬 인간형이 되기 전에 전근을 시켜야 한다

새로운 광고 방법으로 미래 창조에 의욕을 불태우고 있는 사람이 《독신 여행교육》이라는 책을 펴낸 일이 있었다. 그는 어린아이들을 방임 상태로 길렀다고 하는데 부모가 잔소리를 하고 간섭하면 자립심이 없어진다고 믿었기 때문이다.

그는 아이들 스스로 공부하고 연구해서 해결하게 하려는 의도에서 '혼자 여행'을 하게 했다. 가까운 우체국을 두고도 멀고 복잡한 동경역에까지 가서 전보를 치게 했는데, 이때 어느 길로 어떻게 가야 한다고 일러주거나 전보를 치는 방법 등은 전혀 가르쳐 주지 않는다. 모든 것을 스스로가 알아내어 하라는 것이다. 거기에 놀라운 것은 갈 때의 길과 돌아올 때의 길이 같아서는 안 된다는 단서를 붙였다고 한다.

갈 때와 돌아올 때 같은 길을 오고 가면 눈에 보이는 경치나 체험이 동일하니 결국은 하나를 보고 체험하는 것에 지나지 않는 결과가 되기 때문이다. 갈 때와 돌아올 때 다른 길을 걷게 되면 전혀 생소한 두 가지 경치를 익히게 될 것이고, 전혀 다른 체험도 하게 될 것이므로 일거양득이 된다는 것이 그의 주장이다.

그의 아이디어는 직장이나 조직에서도 이와 비슷한 일이 가능하다. 인사이동이나 다른 부서로의 배치를 극단적으로 싫어하는 사람에게 이 방법을 적용했다는 것이다. 왜냐하면 인사이동이야말로 자기 생활에 변화를 주고 전환의 계기를 갖게 하는 절호의 찬스이기 때문이다.

물론 일의 내용이 달라지고, 특히 근무지가 바뀌는 데 따르는 불편이나 어려움도 있겠지만, 기업주로서는 일체의 마이너스 요인을 받아들일 각오로 인사이동을 단행할 필요가 있다. 이것은 기업의 장래나 개인의 미래를 위해서도 시도해 볼 만한 일이다.

사람은 같은 일, 같은 사고를 반복하고 있으면 사고력의 궤도가 고정되어 마침내는 하나밖에 모르는 외곬 인간형이 되고 만다. 즉, 물이 한 곳으로만 흘러내리면 땅이 파이고 고정된 물길이 생기는 것처럼 언제나 똑같은 생각밖에는 할 수 없게 된다. 한 직장, 한 직종에서 10년을 매일 같은 일을 하다 보면 그 사고의 수로 역시 점점 깊이 파질 수밖에 없다.

최근에 어떤 슈퍼에서 회사와 노동조합이 전근에 관한 협정을 맺어 화제가 된 일이 있다. 요지는 사원에게 전근 거부권을 부여하는 대신에 승진, 승급에 차등제를 둔다는 것이었는데, 그 뒤로 거부권을 행사한 사원은 극히 소수에 지나지 않고 모두가 전근 명령에 승복했다는 사실이다.

이로 미루어 볼 때 현대의 샐러리맨들은 의외로 유연한 사고의 소유자라는 생각이 든다.

57

연속적인 노동의 강화는 피해야 한다

어느 교사로부터 들은 얘기이다. 숙제를 한꺼번에 백 가지를 내주고 그것을 일주일 안에 해 오라고 했더니 약 20퍼센트의 학생은 이러쿵저러쿵 이유를 달면서 숙제를 해 오지 않더라는 것이다. 그런데 같은 문제를 매일 20문제씩 나누어 내주었더니 실제로는 문제의 수가 늘어났는데도 숙제를 해오지 않은 학생의 수가 반으로 줄었다고 한다.

이 얘기를 듣고 어떤 정신병원의 환자에 대한 실험의 예를 연상할 수 있었다. 이 실험은 작업을 부여하는 방법과 능률의 관계를 알아보기 위한 것으로, A그룹의 환자에게는 한꺼번에 많은 양의 젖은 타월을 주어 물기를 짜도록 하고, B그룹의 환자들에게는 적은 양의 타월을 조금씩 나누어 주어 A그룹과 같이 짜도록 지시했다.

그러자 A그룹은 전혀 일을 하려는 의욕을 나타내지 않았는데 반해, B그룹은 하루 종일 싫증을 내지 않고 작업을 계속하는 것을 확인할 수 있었다는 것이다. 이 실험은 일정한 리듬을 가지게 한 후 작업을 강화하면 작업량에 개의치 않고 열심히 일을 계속 하지만, 한꺼번에 많은 작업량을 주어 작업의 강화를 눈치 채면 일할 의욕을 상실한다는 것을 입증한 셈이다.

이렇듯 작업량이 많아진 것을 눈치 채지 못하도록 하려면 많은 작업량을 한 번에 연속적으로 부여할 것이 아니라, 불연속적으로 부여하는 것이 훨씬 효과적이고 능률적이라는 결론을 얻게 된 것이다. 가정주부들이 적은 양의 세탁물일지라도 매일같이 정갈하게 빨고 있는 것도 이와 같은 예이다.

또 다른 예로는 초 · 중 · 고등학교의 학생들이 여름, 또는 겨울방학 때 비록 적은 양일지라도 매일같이 숙제를 하고 있는 것도 지금 하지 않으면 방학이 끝날 때 어떻게 되겠는가를 자각한 하나의 본능적인 행위라고 할 수 있다.

사람은 자발적으로 하지 않으면 안 될 일을 마음에 들지 않는 일이라 할지라도 스스로가 불연속적으로 부여해 가면서 하고 처리한다. 직장 안에서의 일도 대개의 경우 일방적으로 부여되는 것이지만, 그 일을 연속적 혹은 대량적으로 부여하기보다는 불연속적 또는 소량적으로 부여하면 실제로 작업량이 증가됐는데도 큰 불평 없이 해낼 수 있다.

유럽을 비롯한 각 선진국에서 먼저 시행한 1주 5일 근무제가 우리에게도 도입되어 일주일에 이틀은 쉬게 하고 있다. 그렇다고 해서 노동자들의 작업량이 줄었느냐 하면 외려 더 늘어나는 실정이라고 한다.

이 제도는 하루를 더 쉬게 함으로써 불연속적인 감각을 심어 놓고, 실제로는 일을 더 시키기 위한 고도화된 노동력 관리제도이다. 사람을 잘 다루는 관리자는 이 심리법칙을 익히 알고 있기 때문에 결코 일시에 대량의 작업량을 맡기지 않고 소량씩 부여하는 테크닉을 교묘히 구사한다.

그러나 반대로 인간 관리가 미숙한 관리자는 한꺼번에 대량의 작업량을 부여하여 부하들로부터 원망을 사고 능률도 저하시키는 우를 범하고 만다. 전자의 방법과 후자의 방법을 통해 반성해야 할 것은 인간은 무리한 것, 무모한 것보다는 합리적인 것을 좋아하는 본능이 있다는 사실이다.

58
최후의 발언이 대세를 좌우한다

회의라든지 미팅에 의한 집단의 함정에는 또 하나 간과할 수 없는 중요한 것이 있다. 그것은 토의가 진행되고 거의 의견이 종합되어 가고 있을 무렵에, 최후로 발언한 사람의 의견이 그 집단 전체의 의견을 좌우하기 쉽다는 것이다.

예를 들면, 회의가 길어진 끝에 차차 논의가 마무리되어 가려고 할 때 토의 전체의 흐름을 제시한 후에 잡다하게 산발했던 의견을 정리하고 그 득실을 하나씩 따져 가면서 이때 자기 의견을 정연하게 내세우면 놀라우리만큼 그의 의견이 채택되는 경우가 종종 있다. 이 현상은 집단의 원리를 말하기 전에 '기억'의 실험 등에서 나타내는 인상의 강도 여하에 관계되는 것이라 생각된다. 같은 계열을 이룬 무의미한 말들을 묶어서 제시하면 그 중에서 최초의 부분과 최후의 부분이 강하게 인상에 남아 기억에 남기 쉽다는 것이다. 인간의 기억력에는 한계가 있고 특별한 관심을 가지고 기억하려 하지 않는 이상 전부를 기억하기란 어렵기 때문이다. 토론 과정에서도 이와 같은 원리의 현상이 일어나, 최후의 발언이 강하게 인상에 남으리라는 것은 충분히 짐

작할 수 있다.

이 같은 심리 메커니즘에 첨가해서, 집단의 토의에서는 회의가 진행됨에 따라 참석자가 모두 정신적 · 육체적으로 피로하게 되고 사고력도 감퇴하게 되어 타인의 암시에 빠지는 일명 피암시성被暗示性 현상이 높아지게 마련이다.

거기에다 최후의 발언자가 앞서 언급한 것처럼 총괄적으로 의견을 정리하여 득실을 조목조목 따져 가면서 자신의 의견을 말하면, 그야말로 가장 민주적인 결론을 내리는 것과 같이 착각해 버리고 만다.

더욱이 최후에 발언하는 사람은 대개, 지금까지 별로 발언을 하지 않았거나 침묵만을 지켜 온 사람인 경우가 많아서 그 말에 힘이 들어가 있게 마련이다. 때문에 이 같은 사람이 발언하게 되면 멤버 전원의 시선이 집중되고, 그만큼 인상도 강해지게 된다. 집단 토의에서 공통되는 일이지만 이 같은 과정을 통해 제출되는 집단의 의지를 멤버들은 마치 자기의 의지가 십분 반영된 것처럼 받아들여 하등의 의심이나 불만을 나타내지 않는다.

이러한 이유 중에 가장 특징적인 것은 이 경우 토의 시간이 상당히 계속된 뒤의 일이라는 것과 최후의 발언자가 마치 민주적인 태도를 취하는 듯이 애쓴다는 점이다. 또 하나는 장시간에 걸친 토의에서는 한 사람 한 사람이 자기 나름대로의 의견을 충분히 말하고 난 뒤였다는 점도 간과해서는 안 된다.

자기 의견을 말할 만큼 하고 나면 만족감을 갖게 된다. 그런데 여기에 첨가해서 민주적인 종합 역할을 하는 사람이 나타나면 그 결정에 이의를 제기하는 자가 오히려 우습게 보일 수 있다.

이런 과정을 거쳐 최후로 '별다른 이견이 없으면 이 시점에서 토의를 종결하려는데 어떻겠습니까?' 하면 회의는 끝이 나는 것이다. 회의란 아무리 민주적이라 하더라도 참석자 전원의 의견이나 의지를 종합해서 반영하기란 쉽지 않으므로 하나의 형식에 불과한 것이다.

59
구색을 맞추기 위한 미팅은 하나 마나다

서점에 가면 《사람을 신나게 부리는 방법》, 《부하에게 호감 받는 타입, 혐오 받는 타입》과 같은 비즈니스 서적이 즐비하게 꽂혀 있다. 그런데 이런 종류의 책이 뜻밖에 잘 팔리고 있는 것을 보면 소위 관리자라고 하는 사람들이 부하를 다루는 데 얼마나 노심초사하고 있는지 짐작할 수 있다.

예전처럼 급료나 지위를 무기로 사람을 움직일 수 없게 된 현재로서는 전혀 남다른 방법을 찾아내든지, 아니면 현존하는 방법일지라도 환경이나 토양에 맞도록 개조하지 않으면 안 되기 때문이다. 그래서 모든 기업들이 뭔가 새로운 방법이 없는가 싶어서 혈안이 되어 찾고 있는 실정이다.

앞에서 지적한 소위 인사관리 서적들을 보면 하나같이 상대에게 일의 의미나 내용을 이해시키는 것만이 최선이라고 주장하고 있는데 이 점은 매우 흥미로운 일이다. 한마디로 사람의 궁둥이를 때려서 움직이지 않으면 이번에는 자발적으로 일해 달라고 애원하는 수밖에 없다. 이에 따르는 테크닉 개발을 공개한 것이 소위 경영관리에 관한 서

적의 줄거리들이다.

그런데 가만히 생각해 보면 자발성이라는 것이 타인으로부터 도출된다는 것 자체가 크게 모순된 것이다. 자발성이란 문자 그대로 자기 의지로써 자기 마음속에서 스스로 돋아나는 것이지 다른 사람에 의해 도출되거나 강제로 형성되는 것은 아니기 때문이다.

사람은 일을 기획하는 단계에서부터 손을 대게 되면 일 전체를 투시할 수 있게 되고, 일의 의미를 이해하게 되어 자발적으로 일을 하게 되는 것은 명확한 사실이다. 그러나 그것이 한낱 기술로 쓰이는 한, 결국은 급료나 지위로 움직이지 못했던 것과 같이 사람을 움직이는 무기라고는 할 수 없다.

이런 의미에서 보면 최근 각 기업이나 집단 속에서 성행하고 있는 미팅이나 직장회의라는 것도 일견 참여의식을 갖게 하여 자발성을 높이는 데 도움이 될 것으로 보이지만, 사실은 개인의 의견이나 주장을 말살하기 위한 또 다른 함정에 지나지 않는다.

인간은 본디 자유를 즐겨하고 구속을 싫어하며 간섭에 저항하는 본능이 있는데다가, 자기가 하고자 하는 것, 하고 싶은 것에 대해서는 강한 집념을 가지는 속성이 있다. 따라서 방법에 차이가 있을 뿐 어떻게 해서라도 우리 속으로 몰아넣으려는 관리자들의 속셈을 알고 있는 이상 그리 간단히 동조하거나 동화하려 하지 않는다. 그럼에도 불구하고 관리 계층이나 조직은 전체를 한 색깔로 만들기 위해 갖가지 계략과 투자를 아끼지 않고 있다.

결국 현대의 경영은 인간을 어떻게 움직이느냐, 즉 기업이 원하는 방향으로 움직여 주느냐에 신경과민이 되어 있다. 그도 그럴 것이 인사관리의 요점이 기업의 성패를 가름하기 때문이다.

기업들은 형태를 달리하며 그룹 미팅 등을 자주 갖고 있으며, 여기에 참가하는 사람들은 자신들의 의지가 반영되었으리라고 착각한 나머지 그것을 자발적으로 실현시켜 보려고 노력한다. 그러나 대부분의 경우, 업무의 실제 진행은 다른 곳에서 이루어지고, 미팅을 위한 미팅이었다는 것을 미처 깨닫지 못하고 있다. 인간의 본성에는 남을 이용하기를 즐기는 속성이 있다는 점에 주목할 일이다.

60

칭찬에는 숨은 의미가 있을 수 있다

어느 회사에서 두 사람의 동료가 상사로부터 호출을 받고 각기 자기가 하고 있는 일에 대해 보고하도록 지시받았다고 하자.

이 두 사람의 보고를 듣고 난 상사가 A의 보고를 극찬했다고 했을 때 A는 상사의 평가를 솔직하게 받아들이고 기뻐해도 좋은지 한번 생각해 볼 필요가 있다. 기뻐하는 것이 나쁜 것은 아니지만 단순하게 생각해서는 안 된다. 사실 이 같은 경우 상사의 진의는, A를 칭찬하기 위한 데 있지 않고 B를 질책하기 위한 데 있는 수가 많기 때문이다.

예를 들어, 최근 B의 실적이 좋지 않아 한번쯤 야단을 쳐야겠다고 생각했는데 당사자만을 불러 면박을 주기에는 개운치 않은 기분이 들어서 A를 곁들여 불러다 놓은 자리에서 A를 칭찬한 것에 지나지 않는다. 결국 A가 칭찬받고 있는 동안에 B로 하여금 자기 자신의 실적에 대해 수치감을 느끼게 하고, 결과적으로 자신이 상사로부터 질책을 당했다는 것을 알게 하려는 것이다.

이 심리는 질책할 때와 칭찬할 때에 정반대의 효과를 연출하는 수도 있다. 인간에게는 자기가 아닌 남이 질책당하면 자신이 칭찬받는 것으로 생각하는 심리가 있다. 이 같은 현상을 심리학에서는 '암묵暗默의 강화强化'라고 한다.

위의 경우는 그 원리를 의식적으로 응용한 것인데, 사실 우리들의 일상생활에도 이와 비슷한 현상을 통해 또 다른 상태를 깨우치게 하는 일이 얼마든지 있다. 같은 학급의 친구들이 선생으로부터 질책당하면 다른 학생들은 마음속으로 '기분 좋다'는 느낌을 가짐과 동시에 '야단을 맞지 않은 것은 내가 잘했기 때문이다'라고 생각한다. 이런 일은 누구나 경험했을 것이다.

관리자의 입장에서 고찰하면 이 '질책'과 '칭찬'의 관리 기술은 강아지에게 재주를 가르칠 때 고기와 채찍을 같이 휘두르는 것처럼 외적 동기를 부여하는 가장 고전적인 방법이라고 할 수 있다.

최근에는 위의 예와 같이 심리학적인 분야에서도 상당한 연구가 진행되어 고도의 테크닉이 개발되고 있다. 어쨌든 단순히 '칭찬'하는 행위 하나만을 가지고 원하는 바를 이루는 것도 쉬운 일이 아니다.

어떤 사람을 칭찬한다는 것은 칭찬한다는 행위가 있기 전에 칭찬할 만한 대상 이하의 것을 염두에 두는 경우가 있다. 다시 말해서 '거기까지는 기대하지 않고 있었는데 의외로 성과를 올렸다'든지 하는 경우다. 그러나 칭찬을 꼭 칭찬으로만 받아들일 수 없는 경우가 얼마든지 있다. 따라서 이런 의미로 분석해 보면 칭찬한다는 것은 비난한다는 말을 뒤집은 거나 마찬가지라는 얘기가 된다.

일반적으로 '칭찬한다'는 것과 '질책한다'는 것은 상당히 어려운 일이라고들 말하고 있다. 그것은 이같이 양면성이 있기 때문이다. 하지만 사실은 나이가 들수록 '질책당하고' '칭찬받는' 쪽이 몇 배나 더 어렵다.

이 기묘한 인간 심리를 알지 못하고 칭찬받으면 좋아하고 질책 받으면 낙담하는 단세포적인 신경을 가지고서는 험한 21세기를 뚫고 나가지 못한다.

칭찬은 바로 비웃음의 뜻이 담겨 있고, 질책은 때로 남을 질책하기 위해 이용되는 수도 있다는 것을 명심해 둘 필요가 있다.

61

차라리 비판하는 자가 젊은 세대를 이해한다

'단절의 시대'라는 말이 생겨난 지도 꽤 오래 됐다. 그런데 오늘날까지 이 단절을 메우려는 수많은 시도를 거듭하고 있지만 상호 불이해 또한 끊임없이 계속되고 있다. 얼마 전에 TV 대담 프로그램에서 겪었던 일이다. 이날의 방송 내용은 기성세대와 젊은 세대와의 대화였다.

출연한 대학생들은 대학 근처에서 무작위로 선발하여 대담 프로에 임했다. 그런데 대담이 시작되기가 무섭게 나이가 지긋한 어느 게스트가 대뜸 '이 멍청이 같은 녀석들아! 그 꼴을 하고서도 대학생이라고 하느냐?'는 식의 호통이 떨어져 필자와 몇몇 참석자는 할 말도 못하고 돌아오고 말았다.

어느 대학 축제에서는 다음과 같은 일이 있었다.

이 축제는 우선 핏물이 흥건한 소머리 몇 개를 운동장 한가운데에 놓고, 이른바 젊은이의 심벌이라고 불리는 650cc의 오토바이를 탄 한 패거리의 대학생들이 맹렬한 속도로 빙빙 도는 것으로 시작되는데, 이 광란에 가까운 질주가 고조에 달하자 장작더미에 불이 붙여지고 거기에 살아 있는 돼지 한 마리가 불 속으로 끌려 들어가는 것이었다.

발목과 목이 끈으로 꽁꽁 묶인 돼지는 고래고래 소리를 지르며 그 사슬에서 풀려 나오려고 사력을 다하는데, 학생들은 이 처참한 광경에 오히려 흥을 돋우고 괴성을 지르며 좋아했다.

이렇게 얼마 있다가 돼지는 불에 구워져 예리한 칼에 의해 목이 잘려지고 한 생명의 소멸에 환호성까지 올리며 좋아하는 이상 현상이 전개되었다. 의식은 이것으로 그치지 않고 목이 잘려진 돼지는 곧바로 바비큐 요리가 되어 모였던 학생들의 입맛이 당기는 대로 산산조각이 나고 말았다.

이 끔찍한 대학 축제가 도시 한복판에서 일어나고 있었다니 믿어질 법이나 한 일인가!

그런데 이 대학 축제를 주도한 학생들에게 그 까닭을 물었더니, 뭐라고 표현할 수 없는 현대사회에 대한 불만을 이 같은 형식으로 표현했을 뿐이라는 것이다.

필자는 이 얘기를 전해 듣고 도저히 이해할 수 없는 벽과 마주친 것 같은 침통한 생각이 들었다. 뿐만 아니라 학교나 기업, 가정에서까지 이해하기 어려운 젊은이들의 행동이 점차 늘어나고 있는 것은 누구도 부정할 수 없는 사실이다.

고령층의 어른들은 하나같이 젊은이들의 의식과 행동을 이해하려 애쓰고는 있지만, 어떤 때는 이 절망적인 단절감을 맛보고 난 뒤에는 현시대를 저주하곤 한다. 그러나 오늘을 냉정하게 생각해 보면 기성세대의 노력이나 시도가 본시부터 의미가 없는 것이었다는 점에 통감을 금치 못한다.

앞에서 말한 TV 프로그램에서 느낀 바이지만 현대사회는 기성세대와 젊은 세대와의 사이에 많은 심리적 거리감이 생겨나고 있다. 그렇다면 젊은이를 진정 이해하는 상사란 어떤 사람인가? 젊은 사원을 이해하는 듯이 입에 발린 소리만 하는 것보다는 차라리 젊은이에 대해 비판하는 쪽이 외려 젊은 세대를 한결 이해한다고 보아도 될 것이다.

세대 간의 교류는 대화라는 교량이 있어야 원활하게 소통된다. 그러므로 대화의 단절은 세대 간의 단절로 이어지고, 세대 간의 단절은 사회의 불협화음이 되어 우리 모두를 불행의 늪으로 빠지게 한다.

따라서 불행을 사전에 예방하기 위해서는 진정성 있는 대화가 필요하다.

62
설득하다 보면 자신이 설득당한다

경영의 세계에서는 목표 관리라는 말이 자주 등장한다. 무턱대고 노력하라고 야단법석만 떨지 말고 부하에게 목표를 부여해서 자발적으로 그 목표에 도달하게끔 하는 것이 목표 관리에 있어서 최상의 방법이다. 따라서 관리자로서는 목표 의식을 분명하게 새겨 명심하지 않으면 안 된다.

거의 모든 회사에서는 목표라는 말을 사용하고 있다. 즉, '금월의 판매 목표 1천만 대 돌파!'나 '하루 30명과 계약을 맺을 것' 등 강압적인 격문이 게시판에 나붙게 되고, 과장 이하 전 판매원은 이 목표를 향해 돌진하게 된다.

이러한 목표 설정은 직원들의 자발적인 의지를 도출시키는 것에 겨냥하고 있기 때문에 목표만 부여한 채 방치해 둔다면 효과는 없게 마련이다.

'왜 이달에는 1천 대를 돌파하지 않으면 안 되는가?', '1천 대를 돌파하면 회사에 얼마만큼의 이익이 생기는가?' 역으로 '1천 대를 돌파하지 못하면 어떤 사태가 일어나는가?' 등이 상층부로부터 실무 부서에까지 전달되는 게 통상이다.

그런데 이와 같은 방법으로 하위직의 실무자들을 설득시키다 보면 그 화살의 방향이 자신에게로 돌아와 '정말로 해내지 않으면 안 되겠구나' 하고 설득을 당하는 사람은 부하가 아니라 설득하고 있는 상사들 자신이다.

최초에는 그 목표 자체에 반신반의했던 자신이 상대를 설득시키고 있는 중에 그 목표에 확신을 갖게 되어서 역으로 스스로 설득당하고 마는 것이다. 그러면서도 그들은 본인의 부하들을 관리하고 있다고 생각할 뿐 자신이 설득당하고 있다는 사실은 전혀 눈치 채지 못한다.

매사에 자신이 없는 상사, 아무리 애써도 실적을 올리지 못하는 상사일수록 목표 관리를 자주 입에 담고 설교를 하고 싶어 하는데, 이것은 자기 자신이 안정을 얻기 위한 심리 메커니즘이 작용하기 때문이다. 심리적인 측면에서 보면 역할연기의 일종으로서 정신요법이나 아이디어 계발 등에 자주 쓰인다.

예컨대 비행 청소년을 교정하려고 할 때 직접적으로 문제의 소년을 설득시켜 비행을 고치는 것이 아니라, 그 소년에게 제3자를 설득시키는 역할을 부여해서 문제 소년이 스스로 반성하는 기회를 갖게 함으로써 비행을 고치게 하는 방법, 즉 사이코드라마 치료법이 그것이다.

제1의 소년은 제2의 소년에 대해 '비행은 나쁜 일이며 주위 사람에게 불안과 불편을 주게 되므로 해서는 안 된다'고 설득하고 있는 중에, 자기 자신이 그 내용을 확신하게 되고 비행을 멈추게 된다. 이것은 부하를 열심히 설득하다가 자기 자신이 그 논리를 믿게 되는 것과 같은 이치이다. 즉, 관리당하고 있는 자가 관리자 역할을 하고 있는 관리자 자신이라는 말이 된다.

그런데 이 이치를 모르는, 즉 그 자신이 스스로 설득당하고 있는 줄을 모르는 관리자일수록 더욱 더 부하를 설득하려 든다. 그러다 보니 결국 그는 부하들로부터 경멸당하고 마침내는 자기가 설 땅을 잃고 마는 불행을 초래하고 만다.

관리자는 직원들을 설득하려 하기에 앞서 자신의 주관과 가치관, 사물을 보는 안목을 높일 필요가 있다. 또 자기 자신이 어떤 사람인가를 먼저 알아야 한다. 자신을 모르는 사람에게 돌아올 것은 패배 외엔 아무 것도 없기 때문이다.

관리자가 갖추어야 할 중요한 덕목은 아량이다. 하급자가 마음 편하게 일할 수 있도록 배려하는 아량이 있어야 업무에서 능률도 올릴 수 있고, 존경도 받게 된다. 하급자의 업무적 능력과 인간 됨됨이를 믿지 못한 나머지 사사건건 간섭하고 지도하려고 들면 하급자는 기가 꺾여 창의력을 발휘할 수 없고, 그 결과 업무능력이 저하될 것은 불을 보듯 뻔하다. 그렇게 되면 그 조직의 운명 또한 마찬가지가 된다. 관리자는 성급하거나 지나치게 아는 척해서는 그 자격이 없다.

63
과정에 집착하면 목표를 놓친다

지금, 한 학자가 물질의 구조를 밝히기 위해 물체를 확대해 보고 싶다는 욕구를 가졌다고 가정하자. 이 학자는 물체를 확대해 보고픈 생각에 현미경을 만들기로 하고 그 연구에 몰두한다. 그러는 사이에 현미경이란 렌즈와 프리즘의 좋고 나쁨에 따라 정밀도가 결정된다는 것을 발견해 내고, 이번에는 그 연구에 열중한다. 이렇게 연구하고 있는 사이에 늙게 되어 결국 그는 어느 한 가지의 연구도 끝내지 못한 채 일생을 마치게 되고 만다. 이상은 어디까지나 가상적인 얘기이긴 하지만 사실상 그럴 수도 있는 일이다.

메뚜기 연구에 몰두해 있던 생태학자가 어느 날 갑자기 메뚜기 다리의 제1관절에 흥미를 갖게 되어 그것만 연구하다 생애를 마쳤다는 일화도 있다. 실제로, 이런 경험을 겪는 학자가 적지 않다. 하나의 일에 집착한 나머지 연구의 본질을 잊어버리고 다른 배를 타고 마는 사람들 말이다.

로켓을 발명한 일본의 동경대학 생산공학연구소는 17개월 동안 한 발의 로켓도 쏘아 올리지 못했다. 주민들이 발사 지점에 대해 반대운동을 펴자, 이 연구소의 전 연구원이 그 설득 공작에 매달려 있다 보니 이렇게 되고 만 것이다. 이때 이들을 설득하기보다 발사 지점 장소를 다른 곳으로 옮겼다면 상황이 어떻게 변했을지 모를 일이다. 과정의 작은 일에 집착하다가 전체를 그르친 사례이다.

기업에 있어서도 이와 같은 일이 수없이 되풀이되고 있다. 자기 일에만 열중한 나머지 자기가 하고 있는 일이 기업 전체의 어느 위치에 존재하고 있는지를 잊어버려, 결국은 총체적 성과에 배반하는 결과가 되고 마는 경우가 그것이다.

그런가 하면 직장이나 조직 속에는 기계가 아닌가 싶을 정도로 빈틈없이 일하는 사람도 있다. 예를 들어, 정시에 출퇴근을 하는 것은 말할 것도 없고 도표를 만든다든지 통계분석 등 정밀을 요하는 일에 아주 능한 사람이 있다. 그런데 이런 유형의 사람은 한번 화가 나면 억제하지 못하여 갑자기 창문에서 뛰어내리는 등 극단적인 행동을 서슴지 않는다. 본인은 자신의 행위가 정당하다고 믿고 있기 때문에 주위의 충고 같은 것에는 귀 기울여 들으려 하지 않는다.

이런 사람들은 상사로부터 받은 명령은 아주 잘 해낸다. 따라서 직장이나 조직에서 중용重用되는 경우가 많다. 어쨌든 이런 상태에서는 원만한 인간관계를 유지해 나가기가 어렵다.

그들은 형식을 중시하고 타인이 그런 형식을 지키지 않을 경우 역정을 내는 그야말로 형식주의자들이다.

이런 유형의 사람에게서 공통적으로 찾아볼 수 있는 것 중의 하나는 창조성이 없다는 것이다. 그래서 천성이란 여간해서는 후천적으로 고치기가 어렵다.

형식주의자가 주변에 있으면 크고 작은 잡음들이 있게 마련이다. 그렇지만 그들의 인간 됨됨을 충분히 알고 대응하면 오히려 편한 점도 없지 않다. 왜냐하면 그들은 형식 외의 것은 알지도 못하지만 알려고도 하지 않기 때문이다.

64

형식에 치우칠수록 허점이 많다

업무상의 일로 공장을 다니다 보면 내부에 '주의 1초, 부상 일생' 등속의 안전 표어가 걸려 있는 것을 볼 수 있다. 그런데 이 요긴한 표어판이 공장 매연에 그을려 있거나 먼지로 뒤덮여 겨우 읽을 수 있을 정도인 것들이 더러 있다.

필자는 이렇게 더럽혀진 표어판을 볼 때마다 '당신네 공장은 의외로 사고나 재해가 많지 않습니까?'라고 마음속으로 묻곤 한다. 표어를 붙인 이상 언제나 선명하게, 그것도 공장에서 일하는 모든 공원들의 눈길을 끌 수 있는 적절한 위치에 명확하게 걸려 있어야 하기 때문이다.

안전 표어는 모든 사람들의 신변상의 위험을 잠시 재확인시켜 주기 위해 마련된 것이다. 그런데 이 중요한 목표와 목적이 한낱 형식적인 것에 그치고 만다면 그 자체가 방심을 유발한 나머지 위험을 자초하는 결과가 될 것이다.

또 하나 흔히 볼 수 있는 실례 중에 수험생들이 '하루 1백 단어 달성' 등의 거창한 표어를 책상 앞 벽면에 써 붙이는 경우가 있는데, 이거야말로 표어의 의미를 착각한 케이스라 할 수 있다. 이 같은 행위를 일컬어 착각을 응용한 불안 해소법이라 한다.

날이 갈수록 공장 내의 노동은 극단적으로 단조로워지고 있다. 기계의 자동화 때문이다. 반면에 생명의 위험은 순간순간 늘어 가는 추세다. 표면적으로 보면 단조로운 작업장의 경우가 사고나 재해율이 적을 것으로 생각될지 모르지만 사실은 그렇지 않다. 자동 기계가 복잡하고 힘든 일을 해 주기 때문에 사고가 적을 것으로 생각되지만 바로 그런 생각이 사고의 시작이다. 일이 단조로울수록 인간은 실수의 위험으로 더 가까이 접근해 가게 되기 때문이다.

위험도가 높은 작업장에서는 매일, 매시, 매초마다 긴장하고 있기 때문에 생각보다 사고가 적지만 반대로 안전성이 높은 직장일수록 관리자가 방심하기 쉬워서 뜻밖의 안전사고가 자주 일어난다. 바로 여기에 인간 심리의 허점이 있는 것이다.

나이가 어리고 경험이 적은 사람보다 나이가 들고 경험도 않은 사람 가운데 이 심리적인 허점에 더 노출되어 있다.

매일같이 지하철이나 버스를 타고 통학하는 어린 학생들에게 '손잡이를 꼭 잡지 않고 있으면 다치는 수가 많아요'라고 일러두면 아이들은 온갖 신경을 손잡이에 집중시키게 된다. 이것은 어린아이들의 정신구조가 단순하기 때문이기도 하지만 구조적으로 심리와 육체의 긴장이 일치하기 때문이다. 그러나 성인이 되면 이 양자가 분리되어 아무리 행동을 긴장시키려 해도 심리적인 면이 이에 따르지 못한다.

어느 직장이든 조회 석상에서 부하들에게 거친 말투로 호령하기 일쑤이고, 그 달의 목표를 크게 써 붙여야 좋아하는 상사들이 있다. 그는 이 같은 행위를 취한 것만으로 자기의 의도하는 바가 실현될 것으로 기대하고 있지만, 성인이 된 샐러리맨은 심리적으로 그의 호령이나 강요에 따르지 않게 되어 있다. 도리어 속으로 '지난달에도 한 소리를 이달에도 반복하는 구나'하고 콧방귀를 뀌고 만다. 부하를 어린아이 취급하는 상사일수록 현실을 모르는 사람이다.

호령이나 강요는 상대를 당장 그 자리에서는 움직이게 할 수 있지만 근본적으로 마음의 뿌리까지는 움직이게 하지 못한다. 또, 마음이 따라주지 않는 행동은 결코 오래 가지 못한다.

CHAPTER 06

집단의 오류를 조심해야 한다

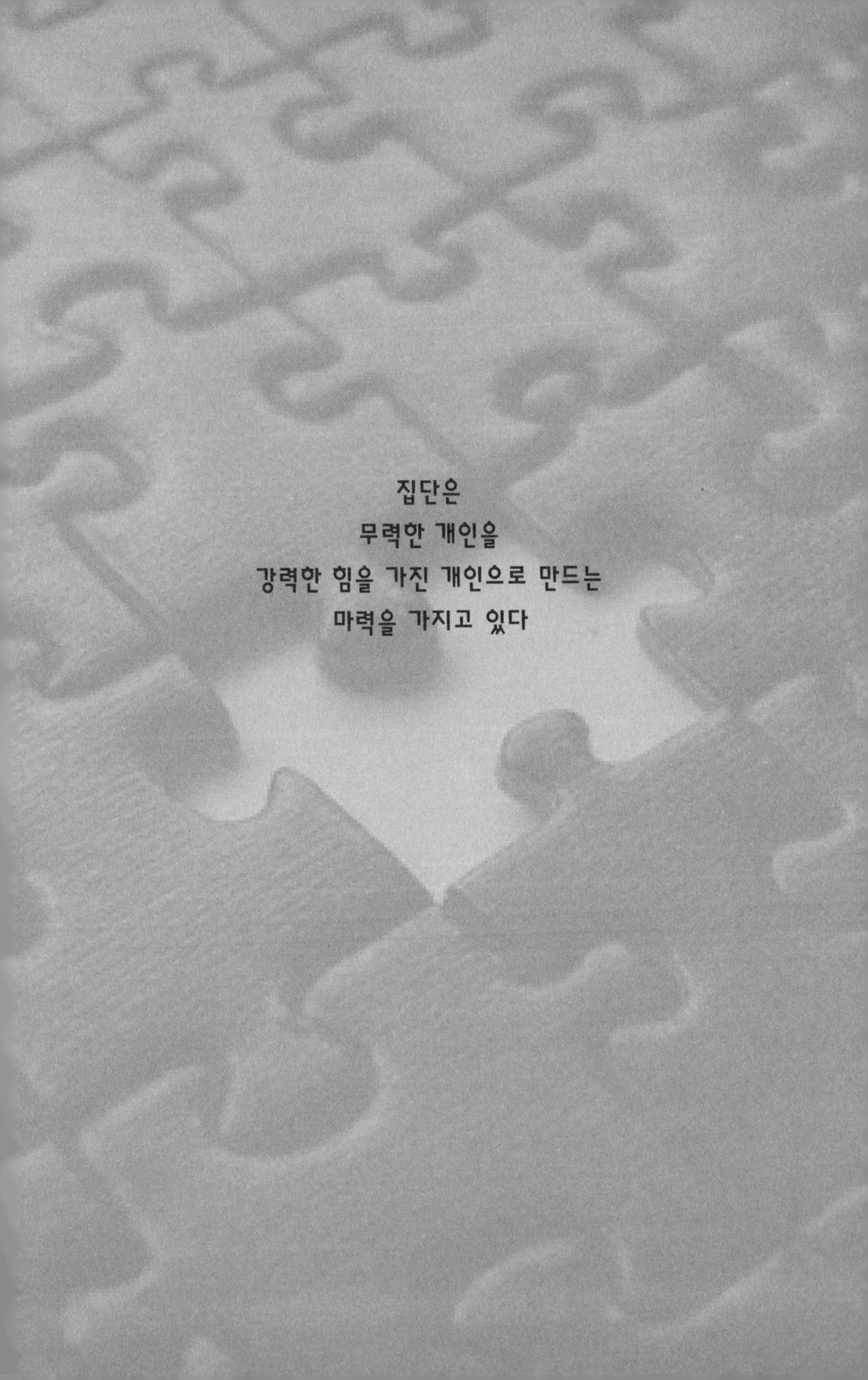

집단은

무력한 개인을

강력한 힘을 가진 개인으로 만드는

마력을 가지고 있다

65
개인의 주체성은 집단의 수에 반비례한다

강연회 청중도 집단의 일종이라 할 수 있다. 그런데 이 청중의 수에 따라 강연을 듣는 태도에 미묘한 차이가 있는 것을 느끼게 된다. 10~20명 정도의 소집단일 경우, 반나절이든 하루든 이야기를 들려줄 수 있지만, 100명을 넘으면 2시간 정도, 2~300명이면 1시간 반, 500명 이상이면 1시간, 1천 명 이상이면 40분, 2천 명 이상이면 30분 정도에 그친다. 이런 등식으로 사람 수가 많으면 많아질수록 짧은 시간 내에 뼈대 있는 말로 해치우지 않으면 청중의 주의력이랄까 집중력이 산만해지고 만다.

사회학자들의 연구에 의하면 혼잡한 지하철 안일수록 승객이 읽는 주간지나 신문의 질이 많이 떨어진다고 한다. 그도 그럴 것이 지하철이나 버스 안에서 읽고 있는 책들을 보면 대개가 시시껄렁한 주간지나 스포츠 신문 정도인 경우가 많다. 전문서적이나 수필, 소설 등속의 격이 높은 책은 별로 눈에 띄지 않는다.

보통 회사에서도 사람 수가 불어나면 조직이 나사 풀린 것처럼 해이해지면서 경직화되기 쉽고, 의사소통이 잘 안 되면서 회전 속도가 현저히 떨어지게 된다. 왜 이러한 현상이 생기는가 하면, 집단 속의 자아의식이 집단의 멤버의 수를 분모로 하고, 개인을 분자로 한 분수식이 성립되기 때문이다.

즉, 멤버의 수가 10명, 100명, 1000명으로 증가하면 자아의식은 10분의 1, 100분의 1, 1000분의 1이라는 식으로 희박해지면서 책임감이 줄어들고 의욕도 상실되어 간다. 이것은 마치 선거전에 있어서 한 표의 무게를 모르는 것과 같은 이치로, 사람 수가 많은 집단에서는 무책임과 무관심, 의타심 등의 심리가 생기는 법이다. 회의나 세미나 같은 것도 출석자의 수가 많으면 많을수록 토의에 참가하지 않는 수가 늘어나게 마련이고, 여기저기서 소집단을 이룬 가운데 사사로운 잡담이 오가게 마련이다.

사람 수에 관계없이 집단 그 자체가 메커니즘이 되어 능력의 평균화가 일어난다는 것은 앞에서도 말한 바 있지만, 멤버의 수가 증가하면 할수록 능력이 낮은 사람이 많이 섞이기 때문에 전체가 거기에 발목이 잡혀 능력이 저하되고 만다. 집단의 수가 늘어날수록 자아의식이 희박해지는 현상은 이 능력 저하에 박차를 가하고 있다는 증거이다.

집단에서는 서로 협력하고 상부상조하는 것도 필요하겠지만, 집단 내의 인원 증가가 나쁜 면으로 작용했을 경우에는 개인의 능력 발휘를 도리어 억제하거나 방해하는 일면도 있다는 것을 알아 둘 필요가 있다.

그렇지 않으면 상부상조라든지 협력이라든지 화합이라는 미명 아래 자신의 능력을 저하시키는 결과가 되고, 막상 그 집단을 이탈했을 때는 혼자서 살아갈 만한 힘도 의욕도 상실한 바보가 된다는 것을 명심해야 한다.

사태가 이쯤 되었을 때 예전에 도와주거나 협력해 주던 친구들이 인정 어린 마음으로 힘을 북돋아 주는가 하면 천만의 말씀이다. 이런 경험을 해 보지 못한 젊은이들에게는 생소한 말처럼 들릴지 모르겠으나, 인간의 정이란 변화무쌍한 것이어서 날씨만큼이나 변덕이 심하다는 것을 염두에 두는 것이 좋다.

66
집단 속의 민주주의란 함지박 돌리기와 같다

3월은 입학 시즌이다. 청운의 꿈을 안은 많은 학생들이 입학하면서 새로운 출발과 입문의 각오를 마음속으로 굳힌다. 대학에 몸담고 있는 필자는 이 시기를 가장 의미심장하게 느끼며, 이 시기에 내가 살고 있다는 것에 무한한 행복감과 책임감도 느낀다. 교육이라는 것은 인간 완성의 수단인 동시에 방법이기 때문에 이 업에 종사한다는 것 자체가 선택된 것이라는 자부심을 갖고 있기 때문이다.

어떤 대학에서나 졸업식이 가까워지면 소위 사은회라고 해서 일종의 송별회 같은 것이 유행처럼 벌어진다. 이런 자리에는 으레 모임을 주도하는 학생이 있어서 그에게 모든 운영을 맡기는 경우가 많다. 그런데 운영의 책임을 맡은 사람이 분위기를 주도하면서 끊고 맺는 능력이 미숙하다 보면 우왕좌왕한다든지, 우유부단하게 처신하다가 모임이 엉망이 되고 만다.

대개 이런 경우의 진행자는 음식을 먹기 전에 진지하게 대화를 나누도록 할까, 아니면 먹고 난 뒤에 나누도록 할까, 스피치의 순서는 어떻게 하면 좋을까를 일일이 물어서 결정하려는 경우가 많다.

옆에서 이런 모습을 보고 있노라면 정신이 아찔해질 지경이다. 이런 경우 전원의 의향을 어떻게 해서든지 살리려는 태도는 일견 민주적인 것처럼 보이지만, 사실은 진행자가 책임을 회피하려는 심리적 표현에 지나지 않는다.

이 같은 일은 조합과 같은 집단에서도 가끔 볼 수 있다. 이를테면 중요 문제를 교섭하는 과정에서 경과 내용을 전체에게 보고하지 않고는 결정을 보기 어려운 것이 관례로 되어 있다. 집단의 이 같은 운영 방법이 고수되고 있는 것은, 우수한 리더라는 것은 언제나 집단 전체의 의사를 생생하게 반영하는 인간이면서, 그렇게 하는 것만이 민주적이라는 발상이 잠재해 있기 때문이다. 따라서 이 같은 경우 개인적 · 주관적 뉘앙스를 줄 만한 개인의 이름은 거론되지 않는다.

누가 최종적인 결정을 했는지 소수의 내부인을 제외하고는 전혀 알 수 없다. 소수의 내부인이 안다고 하더라도 사실 내부에는 형식적이든 실질적이든 정해진 직책이 있고 결정권을 가진 자가 있게 마련인데도 자기가 결정했노라고 밝히고 나서는 사람은 없게 마련이다.

만약 그 결정이 조합에 유리하다든지, 자기가 아니었으면 해결할 수 없었던 어려운 문제였다면 개인의 명예욕이나 능력의 과시를 위해서 내가 했노라고 나설지 모르지만, 그렇지 않은 경우는 으레 닭 잡아먹고 오리발 내놓는 식이다.

이 같은 집단은 결국 문제가 생겼을 때 책임을 함지박 돌리듯이 돌려서 자기에게 닥칠지도 모르는 화근을 피하려고 애쓴다. 결국 문제는 있으되 책임질 사람이 없는 꼴이 되고 만다. 관청이나 영리단체 등에서 의도적으로 개인의 이름을 내세우지 않고 있는 것도 알고 보면 책임의 소재를 흐리게 하려는 속셈이다.

67

전원 일치의 결정일수록 과오가 많다

케네디 대통령과 그의 측근 그룹이 CIA미국 중앙 정보부의 쿠바 침공책을 받아들였다고 해서 온 세계로부터 크게 비난받은 일이 있었다. 그것은 미국이 쿠바를 침공했다 해도 미국과는 관계가 없다고 주장할 수 있다는 잘못된 가정 밑에서 출발된 여론이었다.

침공 계획이 누설되었음에도 불구하고 미국은 그 신념을 바꾸려 하지 않고, 전 세계가 미국에 그렇게 거세게 반항하는 사태가 일어나리라고는 생각조차 못했다.

러스크, 맥나마라, R. 케네디 등 미국의 양심과 지혜가 모였다고 하는 그룹이 끝내 잘못된 결정을 내리고, 또 그것이 잘못인 줄 알면서도 번복하려 하지 않는 어리석음을 범한 것이다. 생각하면 집단의 무서움이 얼마나 큰가를 새삼 느끼게 하는 예다.

이 계획이 실패한 후 케네디는 '우리들은 어쩌다가 이 같은 우를 저지르고 말았는가'라고 술회했다는데, 집단의 결정에는 이 같은 함정이 숨어 있는 수가 있다. 케네디의 뒤를 이은 존슨의 측근 '화요일 내각'도 케네디와 비슷한 우행을 여러 번 되풀이했었다.

몇 번이나 실패하면서도 북폭北爆을 감행해서 북베트남의 전화를 확대했던 것은 '우리들이 힘을 행사하면 북베트남은 반드시 교섭해 올 것이다'라는 잘못된 결정을 내리고, 그 잘못된 결정을 결코 바꾸려 하지 않았기 때문이다.

일반적으로 최고 결정권자나 그 측근들은 권위의식 때문에 한 번 결정한 일에 대해서는 후퇴하지 않으려는 아집이 있다. 의지 결정의 전문가 A. 존스는 집단 결정의 결함을 다음과 같이 설명하고 있다. 즉, 멤버 간의 관계가 밀착될수록 의견일치의 방향성이 강해지고 행동의 가능성을 사실적으로 검토하지 못하는 점을 들고 있다. 그는 이와 같은 사고의 패턴을 '집단사고'라고 부르면서 그 특징을 다음과 같이 정의했다.

① 이미 결정한 사항에 대해 집착한다.

② 리더 내지는 동료의 사고방식에 지나치리만큼 비판을 내리지 않는다.

③ 그룹 이외의 사람과 다른 그룹에 대해 냉정하다.

물론 모든 집단이 이 같은 집단 사고에 빠지는 것은 아니지만, 그러한 과오를 범할 만한 위험은 안고 있다. 한 사람 한 사람이 아무리 우수하다 해도 일단 집단 속의 일원이 되고 나면 사고가 마비되고 마는 함정이 집단 속에 숨어 있다는 것을 알아야 한다. 따라서 집단에 들어가거나 이미 들어 있는 사람은 이 점에 각별히 유념할 필요가 있으며, 항상 자신에게 닥칠지도 모르는 유해를 의식해야 한다.

결국 이 같은 집단의 과오를 미리 방지하지 않으면 국가 기업이 도산하는 수가 있고 가정의 평화가 깨어지는 경우도 있을 수 있다. 파멸은 비극 중의 최대의 비극이며, 일단 파멸의 비극이 닥치면 수습 또한 어렵게 된다. 따라서 인간은 행복의 추구보다 파멸을 막기 위한 대비에 힘써야 하며, 파멸은 곧 인간의 멸망과 직결된다는 점을 깊이 인식해야 한다.

68

집단의 힘을 개인의 힘으로 착각하기 쉽다

예나 지금이나 거리의 불량배는 근절되지 않고 있다. 별로 대단하지도 않은 깡패 중에는 '나는 OO파의 아무개다'라며 통행인을 위협한다. 하지만 위협을 당하는 사람은 OO파는 무서워하지만 허튼소리를 하는 조무래기 깡패에 겁내지는 않는다. 그럼에도 불구하고 그는 자기가 대단한 강자여서 상대가 겁을 내는 것으로 판단하고 흡족해 한다.

이것은 소심자가 갖는 심리로서 집단과 동일시하여 집단이 갖는 강력한 파워를 자기의 것으로 생각해 버리는 데서 연유된 것이다. 폭동이 일어났을 때 소심한 사람들이 크게 난동을 부리거나 잔악한 행위를 하는 것도 이 때문이다.

기업이라는 집단 속에서도 그렇지만 종교의 조직 속에서도 조직이 갖는 힘을 자신의 힘으로 착각하는 이가 많다. 흔히 종교에서 볼 수 있는 세태인데, 자신이 믿는 종교의 사람 수가 많다는 것으로 자신이 마치 대단한 실력자인 양 으스대면서 대단한 사람으로 착각하는 경우이다.

이와 반대로 이 같은 일을 수용하는 측에도 문제가 있다.

'△△그룹의 부장이다'라고 말하면 세상 사람들은 △△그룹의 세력의 후광을 업고 있는 당사자를 대단한 사람으로 여긴다. 그런데 불행한 것은 행여 듣는 사람이 대단한 재벌 회사의 부장으로 인정했다 하더라도 그 자체를 너무나 당연한 것으로 받아들인다는 것이다.

집단은 이처럼 무력한 개인을 강력한 힘을 가진 개인으로 착각하게 하는 마력을 가지고 있다. 그리고 인간이 집단 속에 들어가면 그 집단 멤버의 영향으로 실력 이상의 힘을 발휘하는 경우도 없지 않다.

예를 들어 심리학자 H. 거어니는 다음과 같은 실험으로 이 사실을 확인했다.

빛으로 판독할 수 있는 미로를 만들어 놓고 시험자들에게 연필로 바른 길을 찾아가도록 지시했다. 제일 처음 개별적으로 시킬 때는 좀처럼 바른 길을 찾아내지 못해 쩔쩔맸다. 이때 집단으로 찾게 했다. 이 같은 작업을 6회에 걸쳐 실시했는데, 혼자서 작업할 때보다 집단으로 작업할 때 월등한 향상률을 나타냈다.

그런데 일곱 번째, 그 집단의 멤버가 각기 한 사람씩 하도록 했는데 이때의 결과는 최초에 개인이 단독으로 했을 때와 조금도 다르지 않은 결과가 나왔다. 여기에서 배후에 집단의 힘을 입은 개인과 단독 개인과의 힘에 차이가 있다는 사실을 알 수 있다. 결국, 일을 하는 데 있어 혼자 하는 것보다 둘이서 아니면 셋이서 하는 일이 빠르고 능률도 오른다는 이야기다.

물론 잘못된 자기 평가는 과대화의 경향을 낳게 할 뿐 아니라, 과소화의 경향을 나타내기도 한다.

집단의 힘이 강하고 또 집단 내에 유능한 사람이 있으면 역으로 자신이 실제 이상으로 아주 작게 여겨져 수준 이하의 약자로 생각되는 수도 있다.

그 결과 집단에서 이탈하면 위험하다고 생각한 나머지 큰 나무 밑으로 파고 들어가게 된다. 그렇게 큰 나무 밑에 들어간 작은 나무는 언젠가는 제 구실을 못하게 된다는 독소적인 심리를 모르는 것이다. 그런데 이런 유형의 사원일수록 회사 명함을 마구 뿌려대면서 호랑이의 힘을 빌리는 여우가 되기 십상이다. 이와 같은 사원이 많은 집단일수록 그 장래는 어둡게 마련이며 개인의 장래 역시 마찬가지다.

69

집단 의견이 집단의 의견이 아닐 수도 있다

동양에서는 일반적으로 개인의 의견보다 집단의 의견이 존중되는 경우가 많다. 즉 여럿의 뜻으로 정했다고 하는 말에는 천금의 무게가 실린다. 따라서 집단 의견을 쉽사리 받아들이고 인정하는 까닭은 그것에는 집단 성원 모두의 의지가 반영된 것으로 판단하기 때문이다. 그래서 그것을 받아들이지 않을 때는 집단 전체로부터 받게 되는 반격과 압력에 무게가 실리게 되고 그것은 공포가 된다.

그런데 실제, 집단 의견이라는 것이 소수의 의견인 때가 많고 누구의 의견도 아닌 수가 있다. 이러한 메커니즘에 대해서는 앞에서 말한 바 있지만, 집단 의견이 때에 따라서는 나쁘게 악용되는 경우가 있다. 예를 들어 개인의 의견이 먹혀들지 않을 때 집단의 뜻임을 내세우면 상대에게 쉽사리 먹혀 들어간다.

개인에 대한 압력도 집단의 뜻이라는 미명을 앞세워 반격하면 상대에게는 위압으로 변하고, 더욱이 집단의 뒷받침이 있는 것으로 해석되기 때문에 막강한 것으로 위장된다. 따라서 유능한 리더는 이를 이용해 자기의 목적을 달성하는 경우가 비일비재하다.

그룹의 간부나 회사 내의 술수가 높은 책임자들은 이 기술을 자주 효과적으로 구사한다. 그 상대는 부하에게 뿐만이 아니라 상사에게도 행사한다. 이를테면 부하 모두가 원하므로 받아들여야 한다고 속임수를 쓴다든지, 자신의 야망을 충족시키기 위해 선동 조작하는 경우가 얼마든지 있다.

집단 의견이라는 것은 대개 추상적인 말로 애매모호하게 마무리 지어지는 때가 많다. 보다 구체적이고 상대가 충분히 이해하고 납득할 만한 용어나 이론을 내세우지 않고 막연한 표현, 포괄적이면서 위압감이 담긴 말과 조건으로 점철되기 일쑤이다.

이때의 추상성, 바로 이것이 사실에 있어서는 정신을 홀리는 요인이 된다. 추상적인 말은 자유롭게 이렇게 저렇게 해석할 수 있기 때문이다. 따라서 해석 여하에 따라 자기 형편에 맞게 들을 수도 있고, 상대는 상대 나름대로 자기 편한대로 받아들일 수가 있다.

이 경우 특히 재미있는 것은 자기 뜻으로 개조해 버린 집단 의견을 상대가 그대로 받아들여 주면 더 바랄 것이 없지만, 형편이 좋지 않게 받아들여지거나 저항이 있을 때는 다시 집단 의견임을 들먹여 해석을 바꾸도록 강요하기도 한다. 이렇게 집단 의견은 지극히 추상적이기도 하지만, 작용면에서도 일정한 방향이나 목표가 없이 자유자재성이 깃들어 있다.

흔히 군중집회의 경우, 군중 모두의, 아니면 관계자 전부의 뜻인 양 구호를 외치다가 격렬한 결의문 같은 것을 채택하는데 이것은 분명히 전체의 뜻이라기보다는 한 실무자가 책상 앞에서 만들어 낸 사안私案에 불과한 경우가 많다. 여기까지 알고 보면 집단 의견이라는 것만큼 애매모호한 것도 없으며, 자칫 도용당할 우려가 없지 않음을 알아야 한다. 때문에 집단 내에 있는 사람들은 집단 의견이라는 것을 경계할 필요가 있으며 전체의 뜻임을 내세우는 집단일수록 이를 악용하고 있다는 것도 명심해야 한다.

70

집단은 그 기준을 유지하려 한다

가끔 사극 영화에는 집단의 울타리 안에서 튕겨져 나온 한 마리의 너구리 같은 낭인浪人이 나타나 가슴 후련한 활약을 하는 알랭 들롱과 같은 이야기가 나온다.

집단 속에는 개성을 매몰시키고 살아남으려는 무사들의 무정한 일면과 자기 생각대로 살아가려는 개성적인 무사가 대비적으로 묘사되어 있는데, 이것이 현대 샐러리맨들에게 공감을 얻고 있는 것이다.

곰곰이 생각해 보면 개인이 조직이나 집단의 무거운 중압감에 의해 파멸되는 것은 조직이나 집단의 탓만이 아니라, 거기에 속해 있는 집단 한 사람 한 사람의 행동에도 문제가 있다. 예를 들면, 뽑을 수 있는 못을 전부가 달려들어 두들겨 박아 버림으로써 개성적일 수 있는 소지나 여건을 말살하고 있는 점을 들 수 있다.

한 사람이 조직의 중압에 못 이겨 파멸당하고 나면 전부가 파멸되지 않고서는 마음이 놓이지 않으므로 서로가 서로를 견제한 나머지 끝내는 모두가 파멸되고, 그래야 겨우 안심하는 지경에 이른다. 그중에 전부가 파멸되는 것에 반대하여 '나만은 싫다'고 거부하는 사람이 있으면 '너는 방해물이다'고 몰아세워 그 집단에서 쫓아내고 만다. 하는 수 없이 조직을 탈출하여 의지할 곳이 없는 낭인이 되고 마는데, 일단 집단을 떠난 그는 자기 힘으로 살아갈 수밖에 없게 된다.

그런데 그 사람을 쫓아낸 무리들은 어느 시점이 지나고 나면 쫓겨난 그를 동경하게 되고 또 자기 자신도 집단에서 해방되고 싶은 강렬한 충동을 느끼게 된다. 즉, 쫓겨난 자의 입장을 동경하게 되는 것이다.

이러한 집단의 계략을 처음으로 파헤쳐 보인 것이 유명한 미국의 호오손 실험이다. 많은 심리학자들이 1927년부터 1939년에 걸쳐 웨스턴 엘렉트로닉의 호오손 공장에서 생산성을 규정하는 전반 조건을 연구했는데 그 결과 기업을 경영함에 있어 여하히 공식, 비공식으로 인간관계가 중요한 역할을 하고 있는가를 알아낼 수 있었다.

그 후 기업에 있어서 인간관계의 연구가 급진적으로 이루어지게 되었다. 이 조사에서 심리학자 메이요 등은 주목할 만한 사실로서 집단 내에서 인정받는 작업량을 초과해서 일하는 자가 생겼을 때 집단 내의 구성원이 암암리에 그를 저지하고 자기 의사에 따르지 않는 자에 대해서는 제재를 가하려는 움직임이 있다는 것을 지적했다. 지나치게 일해도 좋지 않고, 너무 일하지 않아도 좋지 않다는 집단의 불문율이 작업능률에 중대한 영향을 미친다는 것을 밝혀낸 셈이다. 이 조사는 집단 내에 도사리고 있는 특출한 상식이랄까 관행의 양태를 적출해 내는 데 큰 공헌을 했다.

집단 내에서는 뽑힐 수 있는 못은 사정없이 두들겨 맞는 수가 많다. 이런 사실을 안 일본의 쏘니 회사에서는 '뽑힐 수 있는 못을 구함'이라는 명문구의 인재 모집 광고를 내서 우수한 인재를 많이 얻은 일이 있었다.

여기에서 우리는 개인의 모임이면서도 개인과는 전혀 다른 생태를 가진 집단, 즉 회사 기구 속에 숨겨져 있는 인간 조직의 심층적인 사회 심리를 읽을 수 있는 방법을 생각하지 않을 수 없다.

71

화합만을 강조하는 집단은 발전할 수 없다

한 조직 내에서 인간관계를 온화하고 화기애애한 분위기로 유지해 가는 것을 최상으로 여기는 사람이 의외로 많다. 의례적인 모임에서 차나 같이 마시는 친구들의 집단이라면 모를까, 어디까지나 조직이란, 개인의 가능성을 살려내서 회사가 목적하는 바, 또는 뜻하는 바를 수행하고자 하는 집단이라는 것을 깨닫는다면 이런 안일한 생각은 금물이다.

필자가 만났던 어느 회사의 얘기이다. 리더 이하 5~6명의 멤버가 만나면 언제나 서로가 서로를 치켜세우고 양보하고 책임을 나누어지곤 해서 표면상으로는 화합이 잘 된 집단으로 보였다. 그런데 시간이 흐름에 따라 이 집단의 한 사람 한 사람씩 뭐라고 표현할 수 없는 막이 가려져 생기를 잃어 가는 것을 눈치 챌 수 있었다.

우선 철저하게 의논하는 일이 없었다. 그러다 보니 내가 먼저 하겠노라고 나서는 사람이 전과 같이 없었다. 결국은 서로가 사양만 하다가 적당히 타협하는 것으로 종결되곤 했다. 이렇게 서로 양보만 하는 집단은 개인의 독창성을 말살할 뿐이다.

그룹 트레이닝에 있어서 집단의 발달은 우선 권위의 의존에서 멤버 상호간의 관계로 옮겨지는데 멤버 상호간의 관계에도 다음의 세 가지 발달 관계가 있다고 말하고 있다.

첫째, 친밀해지려는 의존관계에서 탈피하여 멤버 상호관계가 원만하게 보장되는 데서 기쁨이 생기고, 멤버 상호간의 응집성도 높여 갈 수 있고 밝은 분위기도 넘치게 된다.

둘째, 필요 이상으로 애써 좋은 관계를 유지하려는 위장적인 평화는 참된 상호 이해를 방해하고 끝내는 멤버 사이에 갈등이 생겨 집단은 위기에 직면하게 된다.

셋째, 멤버들은 서로의 갈등을 극복하여 감정이 적절히 처리된 상태에서 상호 비판의 유효성을 인정하게 되고 끝내는 평화를 위해 타협을 수용하는 잘못을 범하게 됨으로써 우를 범하게 된다.

이렇게 해서 의견의 상이가 내재된 채 진행되는데 이런 집단의 현실을 냉정히 직시하게 되면 때로는 잘못을 시정하는 이상적인 집단으로 탈바꿈하기도 한다.

이 연구에서 알 수 있듯이 무뚝뚝하고 사귀기 어려운 인간관계를 겁낸 나머지 타협하기를 일삼고, 양보하길 능사로 하면서 표면적인 인화를 의식적으로 만들고 있는 집단은 개인의 창조성을 감퇴시키거나 말살시키기 쉽다. 또한, 무엇보다도 인화만을 주장하고 최우선 과제로 내세우는 집단일수록 경쟁력이 약하고 경쟁에서 지고 물러나는 경우가 많다.

반면에 토론의 톤이 높고, 일단 옳다고 생각되는 일이면 논의 과정에서 양보할 줄 모르는 적극적인 집단 쪽이 발전이 있다. 그것은 진실로 개개인의 연마를 통해 서로를 갈고 닦음으로써 집단으로서의 힘도 막강해지는 경우가 이를 입증한다. 인화가 인간사회에서 뿐만 아니라 국가사회에서 반드시 필요한 것이라는 점에는 이론의 여지가 없지만 정도가 문제되는 것이다.

흔히들 화합이 없으면 전체를 유지하기가 어렵고 발전시켜 나가는데 저해가 된다고 말하지만, 그것이 진정이 아닌 마지못한 화합이라고 할 때는 상이한 대립보다도 못한 결과가 온다는 것을 깊이 인식해야 한다.

72
경쟁심이 없는 집단은 결속력도 없다

오래 된 경영 방법 중 하나인 '말[馬] 당근론'은 인간을 돈으로 낚는다는 뜻으로 여기에는 당연히 개인 대 개인의 경쟁의식이 싹트게 된다. 남보다 먼저 골인하여 보다 많은 소득을 얻고자 하는 소위 소득 우위의 심리를 이용한다는 의미이다.

이 '말과 당근론'에 곁들여서 인간에게는 원래 내재된 경쟁본능이라는 것이 있다. 과거의 관리사상은 이것을 최대한 이용해서 경영 실적을 올렸다. 지금도 야구나 축구 등속의 프로 선수는 물론 영화배우나 탤런트의 계약금이 오르내리고 있는데 바로 이것이 그 전형이라 할 수 있다. 그런데 이렇게 경쟁심만 가득한 집단은 서로 반목하기 쉽고, 틈만 있으면 상대를 끌어내리려고 안간힘을 쓴다.

결국 멤버 상호간에 경쟁의식이 강한 집단은 적어도 결속력에 있어서는 인화의 집단보다 열등할 것이라는 생각이 지배적이었다. 그러나 필자는 집단이라고 하는 생물을 그렇게 단순하게 파악하거나 단정할 것이 아니라고 생각한다.

한 예로 이 같은 실험이 있다. 초등학생들에게 상을 균등하게 분배

하는 협력반과 상을 각 개인의 성적에 따라 나누어 주는 경쟁반으로 양분하여 게임을 시킨 뒤, 두 반 각각의 결합력을 조사하기로 했다. 게임 전후, 반 내의 개인 대 개인의 결합도 조사 결과, 게임 후에 협력반에서는 결합도가 낮아진 것을 볼 수 있었고, 경쟁반에서는 결합도가 높아진 것을 관찰할 수 있었다. 또, 경쟁반에서는 개인의 능력이 균등할수록 결합력이 높아진다는 것도 알아낼 수 있었다.

필자는 상호간에 성적을 조사하고 검토하여 경쟁함으로써 긴밀감이 높아지고 결속력도 향상된 반이나 기업 내의 팀을 여러 번 볼 수 있었는데, 바로 이런 것들이 앞에서 예증한 실험의 예가 현실로 나타난 바가 아닐까 생각한다.

결국 어떤 방법이 되었든 개개인의 상호작용이 높으면 높을수록 그 반의 결합력은 강해지게 마련이다. 따라서 집단을 관찰하는 경우, 서로가 사양하고 양보하면서 비판이나 평가를 적극적으로 하지 않는 집단은 개인 간의 상호작용이 결핍되어 있기 때문에 표면상의 인화에도 불구하고 결속력은 약하다고 보아야 한다. 역으로 개인 각자가 경쟁심을 가지고 서로 비판하는 집단은 대외적으로도 경쟁력이 강한 집단이라고 말할 수 있다.

결론적으로 경쟁력이 없는 집단은 진실로 똘똘 뭉쳐진 결속력이 없고, 인화만 부르짖다 보면 경쟁력은 이미 없는 거나 다름이 없다. 인간은 경쟁이 있는 곳에서 잠재능력을 포함한 모든 기량을 발휘하게 되고, 한계를 느끼는 선까지 자신을 몰아세우게 된다. 그러나 경쟁력은 경쟁할 수 있는 환경과 여건이 부합되지 않는 한 절로 생겨나지 않는 것이 특징이다. 경쟁은 곧 인생이며 인생은 곧 경쟁을 위한 한 토막의 드라마라고 해도 과언이 아니다.

73

낱알 같은 집단보다 등겨 섞인 집단이 창조적이다

필자는 여러 기업으로부터 창조성 계발에 관한 강연 부탁을 자주 받는다. 그런데 강연장에 들어가면서 이미 이 회사가 창조성을 살리고 있는지 그렇지 않은지를 금방 알게 된다. 청중의 태도가 똑같고 표정이 굳어 있으면, 좋은 말로 철저히 정돈된 분위기 같지만 십중팔구 회사에 활기가 없거나 창조적인 일을 하고 있다고 할 수 없다.

여기에 반해서 강연회장 전체에 어딘가 모르게 색다른 화합 분위기가 느껴지며, 나쁘게 말하면 잘 정돈되었다기보다는 뭉치고 흩어지는 제멋대로 놀아나는 듯한 분위기가 있는 곳일수록 회사 전체에 활기가 있거나 각자가 한껏 창조적인 일을 하고 있다고 볼 수 있다.

창조란 무에서 유를 낳는 것이 아니라 유와 유를 결합시켜 또 다른 유를 생산해 내는 일이다. 어쨌든 보통의 사람들은 창조라는 것을, 기막힌 물건이나 결과가 하늘에서 뚝 떨어지는 것쯤으로 생각하는 경우가 많다. 그런데 기업에 있어서는 어떤 사람의 생각과 다른 사람의 생각을 잘 결부시켜 아주 새로운 생각을 낳게 하는 데 있을 뿐 획기적인 우연이란 있을 수 없다.

창조라는 것은 적어도 그 나름의 사고력을 가지고 있다는 사실, 즉 그것이 창조성 계발의 동기가 되기 때문이다. 집단 속에는 방임해두면 조직 내의 구성원들의 사고방식이나 행동을 하나의 방향으로 묶으려 하는 힘이 작용한다. 또, 조직의 기능면에서도 같은 생각과 같은 행동을 하는 사람을 끌어 모으는 쪽이 효율이 높은 것으로 생각하는 움직임이 자연스럽게 일어난다.

결국 이 같은 사고가 짙게 깔리게 되면 집단으로서의 창조적인 일은 할 수 없게 되고, 개인의 창조성도 계발되지 못한다. 그래서 필자는 등질성等質性 집단이냐, 이질성異質性 집단이냐에 따라 그 회사나 회사 내의 부과가 그 나름의 창조성을 발휘할 것이냐, 못할 것이냐를 알게 된다. 같은 씨앗에서는 같은 열매밖에 얻을 수 없기 때문이다.

'집단의 등질도와 집단의 발달의 관계'를 연구하고 있는 P. R에 의하면 뚜렷한 낱알 같은 집단보다는 등겨가 섞인 집단 쪽이 한결 창조적이고 효율적이라고 한다. 그는 미리 한 가지 지능검사를 실시해서 그 결과에 따라, ①①①, ①①②, ①①③ 등의 그룹을 세 명씩 만들고, 같은 과제를 집단적으로 해결하도록 지시했다. 이 경우는 지능이라고 하는 점에 중점을 두고 만들어졌지만, ①①①의 그룹을 제외한 ①①②, ①②③이라고 하는 이질적인 그룹이 가장 좋은 성적을 올리는 것을 확인할 수 있었다는 것이다. 성별에 관해서도 동성끼리 보다는 남녀가 혼합된 혼성팀 쪽이 보다 우수한 성적을 올렸다고 한다.

이로 미루어 보아도 등겨가 섞인 집단이 뚜렷한 낱알 같은 집단보다 개인의 장점을 신장시키고 나아가 창조력도 살리는 조직이 된다는 것을 알 수 있다. 외국인 부대가 내국인 부대보다 강한 이치도 바로 여기에 있다.

74

다르다는 것은 배제의 표적이 된다

이런 실험이 있었다.

어떤 집단의 멤버를 피실험자로 하고, 그 중에 한 사람만을 이 실험의 취지를 알고 있는 이중성격의 '사쿠라'를 넣어 두었다. 그리고 이 이중성격자인 사쿠라에게 철두철미하게 동료들의 의견에 반대하는 역할을 부여해 놓고 그 집단의 멤버가 어떤 반응을 나타내는가를 관찰하기로 했다.

우선 맨 먼저 일어난 것은 이중성을 띤 사쿠라에 대한 집중공격이었다. 그리고 시간이 경과하자 '이 이질분자를 어떻게 해서라도 설득시키자'는 쪽으로 기울었다. 집단 내의 묵시적인 흐름은 이 사쿠라에 집중되고 여타 문제에는 신경을 쓰지 않았다. 그러나 이중성의 사쿠라가 자기의 주장을 굽히지 않고 집단 멤버에 계속 반대하자, 이번엔 흐름이 180도로 달라지면서 '이 녀석을 추방하자'는 보이코트론이 제기되었다.

이 사실은 무엇을 의미하는 것인가? 어떤 집단이 성립되면 집단 내에는 표준적인 생각을 하는 이른바 그룹 스탠다드가 형성되고 그 기준을 문란하게 하려는 이질 분자가 생겨나면 집단 전체의 힘으로 그 스탠다드를 지키려는 움직임이 일어나게 된다. 이때 그 기준에 저항하거나 문란케 하는 이질분자가 쉽게 등질화되면 그 집단 속에 들어가거나 남을 수 있지만 그렇지 않으면 배제하려는 경향이 강하게 나타나게 된다.

예를 들면, 내가 근무하고 있는 대학은 국립대학의 기풍이 아직도 남아 있어서 여학생의 복장이 전체적으로 칙칙하고 어두운 색감 쪽이 많다. 여기에 극단적으로 눈에 띄는 화려한 복장을 한 신입생이 들어오면 당장에 등질화 현상이 일어나게 된다.

신입생은 상급생들로부터 눈총을 받게 되고 '눈총을 받는구나' 하고 느낀 신입생은 채 반 년도 되지 않아서 상급생과 마찬가지로 칙칙하고 어두운 색상의 옷으로 갈아입고 만다.

기업 내에서도 이러한 현상이 빈번히 일어난다. 장발이나 빛깔이 있는 셔츠는 따로 명문화된 규정이 없더라도 금방 자취를 감추게 되고 출근 시간이 남달리 빠르거나 늦어도 친구들로부터 냉대, 즉 백안시 당한다. 일의 능력으로 말하면 능력이 지나쳐도 안 되고 너무 뒤져도 배제의 대상이 된다. 능력이 있는 사람도 그 집단의 그룹 스탠다드를 바꾸어 놓을 만큼의 지도성을 발휘한다면 모를까 그렇지 못하면 언젠가는 같은 운명에 처하게 된다.

특히 개성적이고 창조적인 인간은 능력이라는 면보다는 남다른 면이 있게 마련이기 때문에 이질화나 배제의 표적이 되기 쉽다. 이러한 집단의 생태를 거꾸로 보고자 한다면 그 집단에서 배제되어 쫓겨나온 멤버를 보면 된다. 즉 그 멤버의 사고방식이나 의식구조와 정반대의 것, 바로 그것이 그 집단의 그룹 스탠다드이기 때문이다. 이로써 배제된 인간을 기준으로 문제 집단의 실상을 진단할 수 있게 된다.

따라서 개성적인 사람을 배제하는 집단은 비개성적일 수밖에 없고, 태만한 자가 배겨나지 못하는 집단은 근면집단이며, 유능한 사원이 이렇다 할 이유 없이 그만두는 집단은 무능집단이라고 보아도 틀림이 없을 것이다.

목장지패木長之敗, 즉 큰 나무 밑에서는 작은 나무가 살지 못하고, 인장지덕人將之德, 큰 사람 밑에 작은 사람은 덕을 본다는 옛말의 뜻도 이해하고 보면 개인이 어떤 집단 속에 머물러야 하는가를 시사해 주는 말이다.

75

친화집단과 목표달성 능력은 비례하지 않는다

마음이 맞는 친구 사이라고 해서 반드시 사업에도 동업자가 될 수 있다고는 단정하기 어렵다. 보통 기업체나 관청 등의 기성조직 속에서 결성되는 집단은 대부분 사령장 하나로 임용되거나 임명되므로 개인의 선택 의지는 그다지 크게 반영되지 않는다. 그럼에도 불구하고 한 집단 속에는 반드시 비공식적인 소집단이 생기게 마련이다.

이때 멤버 각자나 그 그룹의 성격이 크게 달라진다. 이와 반대로 친구끼리, 동창끼리 모여서 사업을 한다든지, 조직을 만들면 의견 충돌 없이 잘 될 것으로 생각하는 경우가 많은데 과연 그럴까?

조오닝그스라는 학자의 연구에 따르면 보통의 일이나 학습 등의 달성 동기를 충족시키기 위한 친구와 사교 · 유흥 등의 친화 동기를 충족시키기 위한 친구와는 상당히 조건이 달라진다고 말하고 있다.

뉴욕 주립 소년원에서 수년간에 걸쳐 조사한 바에 따르면 '같은 작업반에 있고 싶은 상대'와 '레저를 같이 하고 싶은 상대'와는 크게 차이가 나는 것을 알 수 있었다. 특히 이 조사에서 주목되는 것은 '같은 작업반에 있고 싶은 상대'와 '레저를 같이 하고 싶은 상대'가 양쪽에

중복된 경우는 아주 적었고, '작업반'의 경우는 상대에게 선택된 사람이 훨씬 많이 한쪽으로 편중된 데 반해서, 서로 선택한 경우는 30퍼센트에 지나지 않았다는 사실이다.

한편 레저의 경우는 상대로부터 선택된 사람이 지나칠 정도로 한쪽으로 편중되지는 않았고, 서로가 선택한 경우가 70퍼센트에 달했다고 한다. 만약 앞서의 예에 따라 친화 동기가 중심이던 집단을 이 연구 보고에 조명해 보면 그리 높이 평가할 만한 집단이 될 수 없다는 결론을 얻을 수 있다.

하나의 팀을 밖에서 보아 그 팀이 매우 사이좋은 그룹으로 보일지라도 그들의 사업 실적이나 목표달성 능력에 주의할 필요가 있다. 일을 하는 곳과 클럽이나 동호회와는 성격상 다를 수밖에 없기 때문이다.

우리들은 흔히 친구들끼리 회사를 차리거나 동창이 중심이 되어 단체를 만들어 기염을 토하는 경우를 가끔 보아 왔다. 이런 유형의 단체가 반드시 유종의 미를 거두었는가 하면 그렇지 못한 때가 많다.

친구라는 관계, 동창이라는 관계가 인화의 측면에서는 크게 도움이 되지만, 사업을 기획하고 추진하며 실천하는 과정에서 일어나는 의견까지 일치하기에는 여러 가지 걸림돌이 많기 때문이다.

특히 최근에는 재벌 회사의 경우 2세를 후계자로 정하거나 인계하는 총수가 많이 나오고 있다. 또, 친족들을 회사에 끌어들이는 소위 족벌회사의 경우는 가족관계를 서로 내세워 무책임과 태만, 독직하기 쉬운 면이 있어서 성공보다는 실패하는 수가 많다. 따라서 사려 깊은 기업가 중에는 일체 친족이나 형제들을 일절 끌어들이지 않는 사례가 많아져 가는 경향이다. 족벌회사일수록 그 생명이 길지 못하다는 것이 최근 들어 하나의 정설로 되어 있다.

76

다수를 이끄는 소수의 횡포를 조심하라

최근 기업 내에 성행하고 있는 회의라든가 미팅, 집단토의라는 이름의 집단 의지 결정은 실은 집단 자체가 가지고 있는 압력에 의해 개인적인 의지를 왜곡하고 있다는 사실을 언급한 바 있다. 그런데 이 메커니즘을 너무나 잘 알고 있는 개인이 이것을 의식적으로 악 이용하게 되면 멤버 한 사람 한 사람의 의지가 정당하게 반영된 의지 결정까지도 사실과 훨씬 빗나간 것으로 둔갑시켜 놓는 경우가 생긴다.

여기에 시쳇말로 '회의꾼'이라고 말하는 회의 전문가가 구사하는 테크닉의 심리학적 기반이 도사리고 있는 것이다. 그 테크닉 속에는 예를 들어, 멤버를 의장의 양쪽에 앉히게 되면 자연히 의장에게 무시당한 꼴이 되거나 발언권을 봉쇄당하게 되어 원탁 형식이나 페이스 투 페이스로 진행한다. 특히 장방형의 배열이 되면 발언하기가 어렵다는 등 실로 미세한 점에 이르기까지 신경을 쓴다는 말을 들은 적이 있다.

그런데 민주주의식 회의의 총본산이라고 하는 미국의 회의 술책 속에도 발언 도중에 발언을 중단하고 싶으면 동전을 마루에 떨어뜨려서 잠시 주의를 환기시키도록 하라고까지 당부하는 정도이니, 그들이 얼마나 상대를 존중하는가를 알 수 있게 한다. 그렇지만 전문화된 '회의꾼'들은 그들의 목적을 달성하고자 하는 한 수단과 방법을 가리지 않는다.

그 중에서도 가장 교묘히 집단의 메커니즘을 이용하는 방법은, 몇 사람씩의 패거리가 여기저기에 흩어져 앉은 뒤 타이밍을 맞춰 '찬성', '반대'를 외쳐서 전체 분위기를 이끌어 나가는 방법이다. 그러다가 도중에 반대 의견을 내놓는 사람이 있으면 그것을 무시하고 자기들 주장을 계속 내세워 결국 상대가 입을 열지 못하게 만들고 만다. 이러한 섹트 항쟁은 학생들의 토론장이나 '회의꾼'들이 암약하는 주주총회 등에서 자주 볼 수 있는 광경이다.

그렇다면 집단 내의 개인이 왜 이처럼 형편없이 소수의 손에 의해 저지당해야 하느냐 하면, 집단 내에서는 개인은 극히 소수의 존재이기 때문에 희소하고 왜소해지기 때문이며, 힘센 자에 의해 조종된다는 심리 원칙에 따른 것이다.

히틀러는 자신이 연설할 때, 친위대로 하여금 사방으로부터 군중을 압박시켜 군중의 밀도를 높여놓은 뒤, 화려한 유니폼을 입고 등장하는 식의 연출로 집단의 감정과 의지를 컨트롤했다. 군중의 밀도가 높아지면 그만큼 개인이 희소해지고, 강한 개성을 가진 소수가 전체를 조종하는 데 불편이 없게 된다. 백수의 왕인 호랑이도 토끼가 압도적으로 많은 곳에 있게 되면 오금을 못 펴고 기가 죽는 것과 같이 다수, 그것도 강한 다수 속의 소수라는 것은 너무나 미약하고 미미한 존재가 되고 만다.

따라서 집단토의라고 하는 미명 아래 참가 인원이 많은 가운데 열리는 회의, 부 · 과의 전체회의, 사원총회와 같은 대단위 회의 뒷면에는 이같이 눈에 보이지 않는 힘이 작용하고 있다는 것을 알아둘 필요가 있다.

매스컴은 거의 해마다 '회의꾼', '총회꾼'의 횡포와 관련한 기사를 발표하고 있고, 경찰은 경찰대로 그들의 비행을 쫓는다고 야단법석을 떠는 것을 보면 다수를 이끌어가는 소수의 횡포가 얼마나 무섭고 유해한가를 실감케 한다.

77
승리에 집착한 집단은 개인의 인격을 무시한다

한국이나 일본에서 인기 있는 스포츠는 프로축구나 야구이지만, 미국에서는 미식축구가 상당히 대중적인 인기를 모으고 있다. 이 스포츠가 다른 스포츠보다 월등하게 인기가 있는 까닭은 비즈니스의 세계와 흡사한 때문이라고 할 수 있다. 미식축구 선수에게는 억제된 공격성이나 유연성, 긴장, 냉정함, 팀플레이 등이 극도로 요구되는데 비즈니스맨에게 요구되는 것도 바로 이와 같기 때문이다.

미국에서 오랫동안 성공한 기업의 관리자 성격을 연구한 정신분석학자 M.맥카피는 그들 사이에 공통되는 사회적 성격이 있는 것을 발견했다. 그것은 미식축구 선수에게 요구되는 성격과 같다고 해서 맥카피는 이것을 '게임적 성격'이라고 명명했다. 그는 미식축구 선수가 '일류 관리자'라고 하는 비즈니스맨과 너무나 닮아 있는 데 놀랐다고 했다.

경기의 승부를 위해, 개인의 명예와 소득을 위해, 나아가 관중을 즐겁게 해 주기 위해 인기를 관리하고 유지하는 데 목표를 둔 이들은 오직 상대 팀에게 이겨야 한다는 집념 외에는 아무것도 없다는 것이다.

스포츠는 게임을 하는 당사자의 쾌락과 명예만을 위한 것이라기보다 관람하는 관객의 쾌락과 흥분도 충족시켜 주어야 하는 양면성이 있다. 특히 아마추어 스포츠는 이 기능을 어떻게 해낼 수 있느냐가 관건이다. 그러나 프로스포츠는 또 다른 면이 있다. 승부라는 자체에는 이기는 자와 지는 자가 있게 마련이라는 상식이 통하지만, 프로의 세계에는 오직 승리가 있을 뿐 패배는 용납되지 않는다는 것이 엄연한 사실이다.

프로의 세계는 패배를 부정하면서 승리만을 최상으로 여기는 집단이라는 점에서 일반적 상식과는 상충되는 면이 있다. 프로의 세계는 게임에 임하는 당사자가 행복하고 만족스러워하는 것은 당연하지만, 일하는 것과 노는 것, 즉 대중을 위해 신명나게 노는 것이 동일하게 보일 때라는 것이다.

그러자니 팀의 리더는 보다 많은 득점으로 승리하기 위해 팀의 멤버에게 경쟁심을 불러일으키고, 멤버의 한 사람 한 사람은 오직 승리에만 매달려야 하는 목표를 설정한다. 확실히 목표가 하나로 통일된 팀은 막강할 수밖에 없으며, 그 팀이 안고 있는 투지와 신념은 누구도 꺾을 수가 없는 불가분의 것이 된다. 그러나 멤버의 개인, 그것도 인간적인 면에서 보면 그리 예찬하거나 탄복할 만한 것은 못 된다.

그들은 자신들이 가지고 있는 강력한 투지와 불타는 신념에 도취된 나머지 자기가 누군가라는 감각까지도 상실하고, 인간에 있어서 가장 귀중한 자기의식의 지적 · 정신적 가치와의 접촉도 없어지게 된다. 이것이 정신분석의 권위자 맥카피의 분석 결과이다.

이쯤 되고 보면 인간이 인간이라고 하기 전에 싸우기 위해 다듬어진 훈련된 동물로 변신한 것에 지나지 않다고 할 수밖에 없다.

앞에서 비즈니스맨과 프로스포츠맨이 성격상으로 흡사하다고 한 점은, 현대의 비즈니스가 상권 장악을 위해 일보의 양보나 타협이 있을 수 없는 냉혈적으로 돌진하는 면이 강조되고 있기 때문이다. 결국 프로스포츠나 기업이 본래의 인간성을 상실한다고 할 때 지구촌은 살벌한 일면만이 남을 것이다.

한국과 인도네시아를 비롯해 아시아 전체에 몰아닥친 불경기로 국제통화기금IMF이라는 국제고리대금을 받지 않으면 안 될 상황에 처했다. 그리고 빌려준 돈을 회수받기 위해 구조조정을 요구받았고, 그 속에서 벌어지는 일련의 일들이 눈물겹도록 처절한 혈투였다.

이 같은 집단 속에서 자아를 상실할 때 그들은 영원히 먹이를 찾기 위해 비즈니스라고 하는 밀림을 방황하다가, 승리를 차지하는 대가로 자기를 상실하고 마는 크나큰 희생을 지불하고 말 것이다. 그래서 전쟁에 휘말린 집단은 개인의 인격을 무시하게 되고 그 무시당하는 것을 감지하지 못한다.

78

병든 집단은 내부의 적에 눈이 어둡다

제2차 세계대전 때 영국의 병기 개발 그룹에서 일어난 사건이다. 10명의 과학자가 팀을 만들어 연구를 시작한 지 6개월 남짓 됐을 때 멤버 중의 한 사람이 자살을 기도했다. 원인은 심적 피로에 의한 노이로제였다.

독일로부터 시시각각 위협당하고 있던 영국으로서는 신병기의 개발이 한시가 바쁘게 다급한 처지였기 때문에 군 고위층으로부터 심한 독촉을 받고 있었다. 그래서 팀의 멤버들은 정신적 중압감을 느끼면서 밤낮 없이 개발에 몰두해야만 했다. 그런데 자살 미수자가 생기고부터는 전체의 사기가 크게 떨어지고, 신병기 개발에 차질이 빚어지게 되었다.

여기에서 리더는 비정한 태도를 취했다. 팀장이 모든 책임을 탈락자에게 뒤집어씌운 것이다. 탈락자는 결국 학자로서의 한계에 부딪쳤다. 탈락자는 팀장 때문에 자살을 기도했다고 멤버들 앞에서 신랄하게 비난을 퍼부었다.

사태가 이쯤 되자 팀 전체에는 그 자살 기도자를 정당치 못한 행동으로 받아들이는 분위기가 생겨 점차 팀이 재단결되는 듯이 보였다. 그러나 그로부터 수개월이 지나자 탈락하는 학자가 하나둘 늘어나고, 마침내는 신병기 개발을 끝내기도 전에 전쟁이 끝나고 말았다. 이 시점에 이르고 보니 처음부터 이 팀에 참가했던 멤버는 6명밖에 남지 않았다고 한다.

집단 내에는 본래부터 자기를 방어하려는 메커니즘이 있고, 탈락자가 생기면 집단 자체가 갖고 있는 결함을 선반 위에 올려놓고, 탈락자를 못 볼 녀석으로 만들어 버리는 경향이 있다.

회사를 그만두고 이직하는 사람과 그 사람이 소속되어 있던 집단과의 사이에서도 이 같은 관계가 흔히 있다. 예를 들면 직장의 봉건적인 분위기에 못 이겨 그만둔 사람을 무능하고 예의 없는 녀석이어서 언젠가는 그만두게 해야 할 인물이었다고 매도해 버린다.

어떤 직장에서도 그만둔 사람을 좋게 평가하는 경우는 드물다. 그렇게 함으로써 외부로부터의 비난과 공격을 피하고 집단 내의 결속을 꾀하려는 것이 집단의 속성이다.

그렇지 않고 좋은 사람이 나갔다면 왜 붙들지 않았느냐는 문제가 남게 되고 그 좋은 사람이 나가는 직장이라면 필시 직장에 문제가 있지 않느냐는 데 초점이 모아지기 때문이다. 뿐만 아니라 집단 밖으로 나간 자에 대해 냉담해지는 것도 집단의 자기 방어책의 하나이다.

집단의 이 메커니즘에서 간과해서는 안 될 일은 탈락자를 낸 집단 내부의 멤버에게는 그 집단이 안고 있는 결함이 눈에 보이지 않는다는 점이다. 때문에 앞에서 말한 영국의 병기 개발 팀의 예와 같이 탈락자가 속출하게 되고 종래는 그 탈락자 자신이 매우 유능하고 정의로운 능력자라는 것을 알게 되지만, 인간은 한 치 앞을 못 보는 어리석음도 겸비하고 있어서 악순환이 그칠 날이 없는 것이다.

다시 말하면 정의롭고 정당한 탈락자를 악자로 만듦으로써 그 집단 내부에 있는 절대 악자를 찾아내지 못하고, 언젠가는 그 악자에 의해 그 집단은 진통을 겪거나 지리멸렬하는 비극을 맛보게 된다.

우리는 이 같은 사회적 · 집단적 비리와 파행 현상을 수없이 겪었고 또 겪고 있다. 하지만 소수의 정의는 언제나 다수의 악에 의해 내쫓기는 신세가 되고 있다. 그러나 선을 몰아낸 불한당은 연명에 급급한 나머지 치사한 인생길에서 고뇌의 굴레를 벗어던지지 못하고 불한당의 저의를 계속해서 유지하기 위해 끊임없이 힘을 기울여야 하는 처절한 신세를 깨달아야 할 것이다.

79
집단은 공동운명체일 수가 없다

'요즈음 젊은이들은 회사 일이 아무리 바쁘더라도 업무 종료 벨이 울리면 지체 없이 퇴근해 버린다. 회사 창립기념일이라든지 창립 몇 주년 기념행사 같은 것은 아예 관심조차 가지지 않는다'라고 개탄하는 경영자가 있다.

경영자와 종업원 사이에, 특히 젊은 사원과의 사이에 왜 이 같은 의식의 두꺼운 벽이 생겨난 것일까? 그것은 양자가 조직이라는 것을 어떻게 인식하고 있는가라는 본질적인 문제 속에 있다고 볼 수 있다.

사회학에서는 조직을 그 구성원의 결합 동기에 따라서 게마인샤프트Gemeinschaft, 즉 공동사회와 게젤샤프트Geselleschaft인 이익사회로 나눈다. 게마인샤프트라는 것은 혈연 · 지연 · 정신적 결합 등에 의해 이해타산을 초월한 사회를 말한다. 그러나 이 사회는 다소의 비합리적인 요소가 포함되어 있다. 이에 반해 게젤샤프트는 계약이라든가 협정에 의해 결합된 사회여서 합리성은 있으나 인정적인 면이나 인간적인 면이 결핍되어 있다.

이 같은 견해로 현대의 기업을 관찰해 보면, 앞에서 말한 경영 책임자와 젊은 사원 간에 인식의 차이가 어디에 있는지 확실히 알 수 있다. 즉, 대부분의 경우 회사 설립 당시는 서로가 '죽으면 같이 죽자'라는 소수 동지의 결합으로 성립된다. 이것은 말하자면 게마인샤프트의 일종으로서 여기에는 서로가 타산을 초월해서 협력하고 희로애락을 같이 한다는 일종의 정신적 일체감이 있다.

이렇게 해서 만들어진 기성조직에 새로운 개인이 끼어 들어왔을 때는 어떻게 되는가? 그 개인은 창업자들과는 전혀 다른 독자적인 목적을 가지고 조직에 참가했기 때문에 동지적인 의식이 없는 것은 말할 것도 없고 주종간主從間이라는 면에서 게젤샤프트적인 성격이 정착하게 마련이다.

종래의 기업에는 창업주에 한정하지 않은 게마인샤프트적인 발상을 가진 사람이 많았고 그것이 미덕으로 여겨졌다. 그래서 지금까지도 이러한 풍조와 사고가 남아 있고 경우에 따라서는 깊이 뿌리 박혀 있는 기업이 없지 않다.

결국 이러한 발상이 근거가 되어 만들어진 것이 소위 종신고용제 같은 것이다. 그러나 이러한 경향이 좋은 면도 있지만 그렇지 못한 면도 있다는 것을 알아야 한다. 개인은 평생 보장이라는 면을 믿고 적당히 일하는 수가 있을 것이고, 기업은 이 적당주의를 막기 위해 개인과 기업이 운명을 같이하게끔 강제를 가하는 경우도 있다.

말하자면 게마인샤프트나 게젤샤프트도 그 속에는 특정한 목적과 의식이 있기 때문에, 특히 두 사회의 운영 당사자가 인간이기 때문에 의견의 상충이나 반대와 찬성이 당연히 있게 마련이다.

이상적인 사회는 찬성이 7에 반대가 3인 사회라고 했지만, 최근에는 3에 불과한 반대 세력도 용납하지 않는 집단이 늘어가고 있는 실정이다. 예컨대 어떤 사회, 어떤 집단이든지 참된 개인의 자유 의지에 의한 자기 충족이란 있을 수 없게 마련이다. 기업이나 개인 모두 조직이란 것은 운명공동체가 아니라는 사실을 재인식해야 한다. 따라서 공동운명체 운운하는 사람일수록 신뢰해서는 안 된다.

CHAPTER **07**

조직의 속성을 알아야 한다

모든 사람이 모두 같은 시간에
타임레코더를 누르기 위해
달려가는 회사는
사원관리가 잘 되어 있는 것 같지만
사실은 생산성이 높은 회사라고 보기 어렵다

80
조직은 외부의 적이 있을 때 강해진다

인화란 특히 동양권에서는 인화의 문화랄까 윤리가 강조되고 이것이 없이는 살아남지 못하는 것으로까지 생각한다. 살기 위해서는 인화가 중요한 것임에 틀림이 없다. 인화야말로 집단의 결속을 강화하고 집단의 생산성을 높이는 요인이 된다고 생각하는 사람이 많기 때문이다. 그러나 집단의 결속을 높이는 것이 반드시 인화만의 힘은 아니다. 오히려 외부로부터의 압력이나 경합 관계에 있는 타 집단, 즉 경쟁 집단이 존재할 때 그 영향은 더 크다.

미국의 심리학자 M. 슈엘프는 캠핑에 참가한 소년들을 대상으로 한 실험을 했다. 이 실험을 통해 서로 경쟁하는 집단에 대해서는 소속 내부의 결속력이 월등히 높아진다는 것을 입증했다.

우선 소년들에게 좋아하는 사람과 싫어하는 사람을 선택하게 한 후 좋고 싫은 사람이 한쪽에 편중되지 않게 두 개의 그룹으로 나누었다. 다음에 이 두 그룹 사이에 여러 가지 집단 경기를 시킨 뒤 진 그룹에게는 청소당번을 시키고, 이긴 그룹에게는 간식의 양을 늘리는 등의 포상과 벌칙의 규칙을 두었다.

그 결과 두 그룹 사이에 차차 상대 그룹에 대해서 적의를 품게 되는 사태가 일어났다. 그리고 적의가 높아짐에 따라 반비례적으로 우리들이라는 의식Wefeeling이 발생하여 동료 집단으로서의 결속력이 무척이나 강화되는 것을 볼 수 있었다.

결국 이 두 집단은 다 같이 상대편에게 이겨야겠다는 하나의 목표 때문에 모든 멤버가 헌신적으로 일하고 움직이게 되는 것을 알아낸 것이다. 이러한 심리적 메커니즘을 극한적으로 확대한 예가 국가 간의 전쟁 상태에 있어서의 국민의 전의戰意, 즉 사기 앙양인 것이다. 자신이 소속돼 있는 나라의 위기에 즈음하여 애국심이 싹트고 민족 단결이 강해지는 것은 적국이라는 목표가 있기 때문이다. 기업에 있어서도 기업 내부의 결속을 높이고 생산성을 높이기 위한 작전으로 이 원리가 응용되고 있다.

같은 업종의 경합 회사를 가상적으로 만들어 놓고 '따라 잡아라, 따라 잡아라'고 사원들에게 자극을 주는 방법으로 집단의 역학구도를 이용한 인간 컨트롤이 행해지고 있다. 인간은 평화가 지속되고 경쟁하는 상대가 없어지면 나태해지게 마련이다. 역사 위에서 이름조차 사라진 대 로마제국이 그렇고 비잔틴 왕국이 그렇다. 일단 나태해지면 자아의 환경에 눈을 감고 마는 장님이 되고 만다.

2차 세계대전을 발발시켰다가 패망한 일본이 전후 30여 년간 반전反戰 무드에 흠뻑 젖은 채 자국의 방위문제 등에 무관심한 것은 물론, 이웃 나라의 위기마저 모른 척하고 지내 오다가 최근에 와서 한국의 안전이 일본의 안전에 직결된다는 자각을 시작한 것을 보더라도 경쟁이나 위협이 없는 상태가 얼마나 무서운가를 알 수 있다.

역으로 말하면 보통 때는 좀처럼 결속되지 않고 멤버 각자가 개인플

레이를 일삼던 부서가 갑자기 결속력을 보이게 되는 경우가 있는데, 여기에는 그 부서에 강력한 라이벌이 생겨났든지, 아니면 철폐 문제와 같은 존망의 위기에 닥쳐 있는 경우이다. 반전이나 평화지상주의도 침략해 오는 적이 없을 때의 일이지 침략을 획책하는 상대가 있는 한에는 잠꼬대에 지나지 않는다.

81

조직은 개인의 욕구를 이용한다

오래 전의 일이다. 텔레비전에서 여러 형태의 샐러리맨과 오피스걸 1백 명을 모아 놓고 '당신은 장래 중역이 될 것으로 생각하는가?', '결혼 조건으로 상대 남성에게 무엇을 요구할 것인가?'라는 질문을 던지고 그에 대한 대답을 이끌어내는 '당신도 해답자'라는 프로그램을 방송한 일이 있었다.

현대 샐러리맨의 의식과 실태를 알아볼 수 있는 절호의 찬스라고 생각되어 기회가 닿을 때마다 보고 있었는데, 어느 날 느닷없이 정년 퇴직자만을 그 자리에 모아 놓았다.

동경에 있는 대기업에 30년 이상 근무한 엘리트 샐러리맨으로 그들에게 묻는 질문은 '당신은 일 중심으로 살아왔는가, 아니면 가족 중심으로 살아왔는가?'라는 것이었다. 그러자 84명에 달하는 정년 퇴직자들이 '일 중심으로 살아왔다'고 대답했다. 그런데 '퇴직금은 당신이 남긴 공로에 비해 충분하다고 생각하는가?'라는 질문에는 불과 다섯 명만이 '만족한다'고 대답했을 뿐이다.

모름지기 그들은 남보다도 지위가 높아지고 모든 사람으로부터 인정받고 훌륭한 집에서 살고 싶다는 생각에서 오직 일에만 열중했을 것이다. 그것이 회사를 위한 길이 되고 오늘의 사회를 밑받침하는 결과가 되었지만, 회사 측은 이들의 이 같은 생각을 액면 그대로 받아들이지 않았다.

인간은 누구나 타인에게 인정받고 싶고 남보다 지위가 높아지고 싶은 사회적 욕구를 가지고 있다. 심리학에서는 이것을 '굶주리지 않고 목마르지 않다'는 1차적 욕구에 대한 2차적 욕구라고 부른다. 때에 따라서는 이 욕구가 일차적 욕구를 능가할 정도로 강해지는 수도 있다.

명예를 탐한 나머지 목숨도 불사한다는 예는 그 대표적인 것으로, 사람은 이 같은 사회적 욕구를 만족시키고자 회사에서 물불 가리지 않고 열심히 일한다. 그러나 회사 측은 인간이 가지는 사회적 욕구를 최대한으로 이용해서 지위라든지 보수를 적절히 늘려 주며 일을 시키고, 마침내는 그들의 욕구를 충족시키는 일은 하지 않고 회사의 유지 발전이라는 목적만 달성하고 만다.

가련한 것은 그러한 회사에서 일만을 중심으로 살아온 샐러리맨들이라고 할 수 있다. 물론 사회적 욕구는 후천적으로 생겨나는 것으로써 사회나 시대의 변화와 함께 변화되게 마련이다.

지금도 지위가 높아지고 싶다라거나 돈을 많이 가진 거부가 되고 싶다라는 욕구가 그만큼 강해져 가고 있다. 그런 욕망이 강하게 나타나는 만큼 괴리현상도 만만치 않다. 그래서 세간으로부터 '모라토륨(지불유예적) 인간'이라는 평가를 받기 싫어하는 이들이 증가하게 되면 사회적 욕구는 점점 어려워진다.

그러나 어차피 멸사봉공滅私奉公이라는 사고방식이 이미 없어진 사회가 되어 버린 이상, 기업은 사원들이 가지고 있는 사회적 욕구와 자기실현에 호소해서 기업을 보다 원활하게 신장시켜 나갈 수밖에 없다.

인간사회가 이해 상충의 사회이며, 그 이해 때문에 분쟁과 분열, 심지어는 국가 간에 전쟁이 일어나는 극단의 시대로 향하고 있는 현실을 직시한다면 양자 공존이라는 과제야말로 무엇보다도 중요한 과제가 아닐 수 없다.

82
한 가지 색깔만이 조직의 힘이 아니다

필자는 자주 강연 의뢰를 받아 유수한 기업에서 강연하는 기회가 많다. 꽤 오래 된 일인데 어느 자동차 공장에 가서 강연을 마친 뒤 공장 견학을 한 일이 있었다.

공장 안은 소음과 기름 냄새로 가득 차 있었고, 콘크리트로 된 바닥은 기름과 먼지로 검게 찌들어 있었다. 그런데 이 공장을 살펴보던 중에 한 노년의 직원에게 눈길을 빼앗기고 말았다. 때마침 점심시간이어서 모든 직원들이 식당으로 가고 있었는데, 이 직원 만은 바닥에 떨어진 볼트 등의 부속품을 하나하나 주워 모으고 있었다.

모름지기 이 직원은 떨어진 한 개의 볼트라도 함부로 내버리거나 밟아서 못 쓰게 하는 것이 아깝다는 생각과 함께 한 개의 부품이라도 헛되이 하지 않는 것이 회사 발전에 도움이 되고, 자기 자신을 위해서도 이익이 될 것이라는 맹목적인 신념을 갖고 있었을 것이다.

대동아 전쟁 전만 하더라도 이런 행위가 최대의 미덕으로 생각되었고 멸사봉공의 도덕이 그의 마음속에는 그대로 살아 있었음이 분명하다. 그러나 근대 조직은 최첨단을 걷고 있다고 자부하는 대메이커에

이 같은 고리타분한 사람이 있다는 일은 우습게 보일는지 모르지만, 결코 이것은 놀랄 일이 아니다.

그것은 위에서 지적한 공장 직원처럼 눈에 띄게, 아니면 남이 보지 않더라도 자기 할 바를 다하는 사람은 우리들 사이에서 사라졌지만, 실은 조직 속에서 일하는 절대 다수의 사람들은 눈에 보이지 않게 절대 군주에 대해 충성을 맹세하면서 행동하고 있는 것이다.

즉, 전쟁 이전 세대는 충성심을 행동으로 보였다면 전쟁 이후 세대는 은밀하게, 그것도 남의 눈에 띄지 않게 충성심을 다하고 있는 셈이 된다. 그런데 이때의 충성심은 회사를 위한다기보다는 자신의 출세를 위해 실천하는 경우가 많은 것이 전자와는 대조적이다.

조직이란 인간이 만들어 낸 것이고, 따라서 마땅히 인간이 컨트롤해야 하는 것으로 생각하지만 그것은 착각이다. 조직은 일단 그 틀을 잡고 나면 거대한 공룡이 되어 인간을 컨트롤하게 된다. 인간이 법을 만들지만 나중에는 그 법의 종이 되는 것과 같은 이치다. 더욱이 현대 조직의 기능은 인간 심리를 집약하고 그 집약된 힘에 의해 얼굴 없는 힘이 지배하게 된다.

인간은 이 힘을 거부하거나 반항할 여지도 없이 조직이 시키는 대로 움직일 수밖에 없고, 조직의 명령 앞에 바로 비굴한 모습을 드러내지 않고서는 못 배긴다. 결국 웬만한 용기와 결단이 없이는 인간은 조직에서 당하거나 추방될 것이 두려운 나머지 개인적으로 의지를 하거나 개성을 스스로 뭉개 버리는 우를 범한다. 조직은 이 점을 바라는 나머지 전체 구성원이 같은 빛깔을 갖도록 박차를 가한다.

그러나 앞에서도 언급한 바가 있듯이 전체 구성원이 같은 빛깔을 갖게 되면 생명력을 잃게 되고 유사시에는 이렇다 할 방어 능력도 발휘하지 못하는 무능력 집단이 되고 만다. 온몸을 바쳐 일하는 사원, 그것도 회사 것을 자기 것 이상으로 아끼고 사랑하는 사원이 있는 집단일수록 위기에 강하고 경쟁력에 강하다는 것을 알아야 한다.

83

조직의 측면에선 비공식도 공식이다

무슨 일에나 표리表裏가 있는 것과 같이 조직에도 표리가 있게 마련이다. 표면의 얼굴이 조직이나 질서의 책임을 지키는 대단히 차가운 '포멀한 관계'라면, 이면의 얼굴은 그러한 관계를 떠나 마시는 친구, 동창 따위와 같은 시시껄렁한 '인포멀한 관계'라고 할 수 있다. 그러나 표리가 없다면 모든 사물이 성립되지 않는 것과 같이 조직도 이 두 개의 얼굴을 교묘히 나타내면서 스스로의 존재를 유지시키고 있다.

포멀한 관계에서는 각기 조직의 성원이 리더에 대해 가지는 얼굴, 동료에 대한 얼굴, 후배에 대한 얼굴, 조합이나 단체에 대한 얼굴 등 각양각색의 얼굴을 가지고 각기 다른 대인 관계를 사무적으로 처리하고 있다.

이것을 인간은 조직이라는 톱니바퀴로 생각하기도 하고 기계화되어 가고 있다고 느끼는 원인이 되기도 한다. 또, 이 같은 표면의 얼굴만으로 조직이 성립되는 것이라면 모름지기 그 조직은 인간성을 짓밟아 버리는 거대한 괴수라고 해야 옳을 것이다.

바꾸어 말하면 온 천지를 훤히 들여다볼 수 있는 대낮만 있고 무엇인지 분별하기 어려우면서도 그 나름의 고요와 정취가 있는 밤이 없다면 인간은 어떻게 될 것인가에 대한 답은 자명하다.

이런 이치와 마찬가지로 신은 인간이 양면의 얼굴을 갖도록 했다. 즉, 냉엄하고 비인간적인 관계에서 오는 욕구 불만을 해소시킬 수 있고 딱딱한 관계를 적당히 융합시킬 수 있는 극히 인간적인 인포멀한 관계를 미리 준비시켜 놓은 것이다. 여기에서는 포멀한 세계의 질서와 책임을 떠나 겉치레에 불과한 예복 따위를 벗어던진 채, 인간적인 교제나 이해득실을 초월한 반발이나 저항은 있을 수가 있다.

표면의 세계에서는 부장과 평사원이라고 하는 관계가 이면의 세계에서는 선후배 관계로 변하고, 마작 친구로까지 발전할 수도 있다. 이런 세계를 가질 수 있었을 때, 서로의 인간성이나 욕구를 포함한 감정의 기복이나 습관을 알게 되어 자신을 회복하기도 하고 결점을 수정하면서 표면의 차가운 관계를 중화시키기도 한다.

물론 표리의 관계에서는 어디까지나 조직의 측면이 강조되기 마련이고, 이는 인간을 교묘하게 컨트롤하기 위한 쉬운 방법 중 하나인 것은 사실이다.

또, 표면의 얼굴에서 얻어질 수 없는 정보도 이면의 얼굴에서는 손쉽게 얻어질 수 있어서 조직 유지를 위해 쓰이고 기여된다. 그러나 이것을 인간의 측면에서 함부로 원용하다가는 큰 코 다치는 수가 있다.

예를 들어, 술자리라고 해서 상사에게 함부로 비판을 가한다면 이것은 곧 표면의 얼굴로 받아들여져 '저 녀석은 기업에 대해 충성심이 없다'라든지 '예의 바르지 못한 녀석이다'라는 딱지가 붙게 되므로 여간 조심하지 않으면 안 된다.

조직이라는 측면은 아무리 비공식적인 자리라 할지라도 모든 것을 지나치게 치장하여 받아들이는 속성이 있으므로, 조직에 속해 있는 인간은 항상 공적인 의식을 지니고 있다고 생각해두는 것이 바람직하다.

바로 이것이 조직과 기업이 안고 있는 숙명이다.

84

젊은 인재는 조직의 동맥경화를 예방하는 묘약이다

사람은 누구나 늙었다고 생각하려 하지 않고 또 늙어가는 것을 느끼지 못한다. 늙는 것을 느끼지 못한다는 것이 늙는 시초라고 말하는 사람도 있다. 그것은 미래에 대한 자기 위축으로 몸을 사린다든지, 현상을 유지하고 싶어 한다든지, 주위의 변화에 대해 유연한 적응이 어렵게 되면 우선 '황홀한 사람'이 되었다고 생각해도 큰 잘못이 없다.

이 같은 일은 기업체에서도 예외가 아니다. 기업은 인간과 달라서 수명이 없는 만큼 자기가 늙어 가는 데 대한 느낌을 갖는 감각이 무뎌지게 마련이다. 이를테면 경영상의 유연성이 없어지면 동맥경화가 일어나고, 적자가 누적되면서 체중 감량이라는 미명 하에 직원의 목을 자르기 시작하다가 마침내는 도산이라고 하는 사태에 직면하고 만다.

인간도 마찬가지다. 태어나서 방자한 20대와 활기찬 30대, 의욕에 찬 40대를 지나서 원숙한 50대를 지나고 나면 인간은 60~70, 길어야 80이면 수명을 다한다. 그럼에도 불구하고 인간은 스스로를 불사조와 같은 것으로 착각한 나머지 오만과 불손, 아집과 독선을 일삼는다. 인간은 그만큼 어리석고 가련한 동물이라 할 수 있다.

기업도 이와 같은 운명 선상에 놓이게 마련인데 전혀 그런 파국을 고려하지 않는 경우가 비일비재하다. 인간은 자기 멋대로 살다가 스스로 생을 마치니 미련은 있을지언정 후회할 필요는 없다. 그러나 죽어가는 기업에 몸담고 있었던 사원들로서는 실로 난감하지 않을 수 없다. 신명을 바쳐 청춘을 불살랐던 직장이 도산하고 나면 과연 어디로 가야 하며, 누구에게 어떻게 구제받아야 하는가? 기업의 도산도 가슴 아픈 일이지만, 개인의 몰락이나 파탄 또한 큰 문제가 아닐 수 없다.

그렇다면 기업에 있어서 동맥경화의 원인은 무엇인가?

모든 기업은 존속, 발전을 지상 명령으로 하고 있는 이상 본래 보수적 · 보신적인 성격을 가지고 있다. 그러나 이 같은 자기 방어 본능이 지나치게 강해지면 새로운 세력의 대두를 겁낸 나머지 젊고 싱싱한 에너지를 거부하게 되고, 그 결과 자신의 체질을 노화시키고 만다.

어느 나라에서나 하는 말이지만 젊은이의 특징을 사고의 유연성과 행동력, 형식에의 반발 등으로 꼽는다. 이러한 것이야 말로 조직의 동맥경화를 예방하는 묘약임에도 불구하고 이것을 거부한 탓으로 기업이 늙고 병들어 종국에는 파산에 직면하고 만다.

그 중에서도 가장 두렵고 무서운 것은 젊은 세력의 등장이다. 이 젊은이들의 진출을 두려워하는 기업일수록 조직의 압력이 막강해서 용납하지 않는 일이 많다. 결국 진취성과 창의성을 가진 젊은 기백들은 조직의 압력에 압도당한 나머지 오금도 못 펴 보고 절망에 빠지고 무력감 속에 침몰하고 만다. 젊은이가 이런 현상 속에서 늙지 않기 위해서는 어떻게 해서라도 장해를 피해 나가야 함과 동시에, 그들 스스로의 힘으로 벽을 깨지 못하는 한 존립의 길을 뚫을 수가 없다. 물론 회사만을 위해서가 아니라 자기 자신을 위해서도 그렇다.

85

개인도 기업이라 발전을 위해 세뇌가 필요할 때도 있다

아무리 완강한 용의자라도 그에게 걸려들면 자백하지 않고는 못 배긴다는 노련한 형사가 있었다. 궁금히 여긴 주위 사람들이 그에게 비결이 무엇이냐고 물었더니 그는 다음과 같이 대답했다.

"취조를 밤중에 한다든지 담배를 못 피우게 한다든지 하면 인권유린이라고 비난하는 사람이 많은데, 실제로 인간을 실컷 잠자게 하고 배불리 먹게 하면 어느 누가 범죄 사실을 털어 놓겠습니까?"

듣고 보면 별것 아닌 것처럼 생각되지만, 인간이란 상황이 긴박하고 정신적으로나 육체적으로 감내하기 어려워지면 자아의 핵심부에 동요가 생겨, 상대가 묻는 말에 실토하게 마련이라는 것이 그의 설명이다.

이러한 수사 방법이 인권을 존중하는 측면에서 볼 때 아무런 문제가 없다고 할 수는 없으나, 수사관으로서는 이것이 최선의 방법이라고 한다면 달리 어찌 할 수만도 없는 노릇이다. 어쨌거나 인간은 극도의 불안이나 긴장, 흥분 상태에서는 정상인 때보다 사고력과 판단력을 상실하게 된다.

예를 들어 불이 났을 때 가장 소중하다고 생각하고 들고 나온 물건이 쌀자루였다든지, 저고리를 아랫도리에 껴입고 바지를 위에 걸치고 나왔다는 등의 촌극도 얼마든지 있다. 경황 중의 인간이란 속내를 뒤집어 놓고 보면 별것이 아니다.

황급한 상태가 되면 하찮은 외부의 작용도 심리적으로 크게 영향을 받게 된다. 따라서 터무니없는 루머에 날뛰게 되거나, 하고 싶지 않은 말까지 토로하는 행위도 비일비재하다.

여기에서 지적하고자 하는 것은 최근의 기업체에서 실시하고 있는 기업 내의 연수 방법이다. 증권시장의 악성 루머는 한 회사나 기업을 무너뜨리거나 주저앉게도 만든다. 연수회 강사로 초빙되어 경험한 바로는 수강생들은 침식을 잊어버릴 만큼 열심히 연수회 스케줄을 소화해내야 한다. 회사와 격리된 연수원에 반강제적으로 수용되어 일상 업무와 완전히 단절된 상태에 있는 것까지는 어쩔 수 없다 하겠으나, 과대한 숙제와 문제를 부여받고 전전긍긍하는 것을 보면 이것이야말로 세뇌의 발상이 아닌가 싶어 안쓰러울 때가 있다.

이들이 정신적인 긴장 상태에 빠져 있을 때 사상 교육이나 인격 그 자체의 핵심부에 영향을 주는 함정을 파놓는 것은 그리 어려운 일이 아니다. 연수 교육을 실시하는 측은 바로 이 약점이랄까 절대성을 노리고 있는 것이다.

악명 높은 공산당의 세뇌 교육이라는 것도 인간의 두뇌에 남아 있는 일체의 사상과 가치관을 씻어내 전혀 새로운 인식과 가치관을 심어 주려는 데 그 목적이 있다. 이런 세뇌 방법이 기업체 내에서 전혀 무가치하다고 할 수는 없다. 그러나 인간적인 면, 인간의 존엄성이라는 측면에서 보면 가혹한 면도 없지 않아서 자주 비판의 대상이 되기도 한다.

연수회를 하다 보면 평소에는 아무 생각도 없이 적당주의에 빠져 있던 상사나 중역들 가운데 전혀 딴 사람같이 이변 하는 수가 있는데, 이것은 자기가 부하를 세뇌했다기보다는 그 분위기로 인해 자기 스스로가 세뇌당한 것에 지나지 않는다. 두뇌는 세뇌가 가능하다는 사실을 생각하면 이것을 이용하려는 주최 측의 속마음도 뻔히 들여다보일 수밖에 없다.

그런데 때로는 기업의 발전을 위해서는 그런 행위도 유익하게 작용한다는 데에 문제가 있다. 이건 개인적 측면에서는 분명 비애일 것이다. 그러나 개인도 기업이라는 집단에 속해 있고 보면 어쩔 수 없이 따라야 한다. 이러한 갈등을 조절하는 것도 그 사람의 능력이다.

86

객관적일수록 불만을 줄인다

객관성을 외치면서도 주관성이 강한 사람이 많다

해마다 보너스 때가 되면 평소에 화기애애하던 직장 분위기가 갑자기 일그러지면서 술렁인다. 보너스는 소위 능력사정能力査定이라는 것으로 업적과 공헌도에 따라 평가가 달라지기 때문이다. 여기서 주목하지 않으면 안 될 것은 이 끙끙거리는 마음이 보너스 액수의 많고 적음에 있는 것이 아니라, 자기와 비교의 대상이 될 만한 타인과의 액수 차이에 기인한다는 점이다.

예를 들면, A가 50만 원의 보너스를 받았다고 한다면 A는 그 금액의 다과보다는 자기와 입사 연도가 같은 B가 얼마나 받았는지에 더 깊은 관심을 쏟게 된다. 물론 이때의 50만 원이 당시의 일반적인 보너스 기준에 비해서 극단적으로 낮아졌다면 그만큼 불만이 생길 것이고, 높은 것이었다면 상대적으로 대단히 만족감을 가졌을 것은 당연하다.

그러나 이러한 외적 조건을 배제하고 생각했을 때 A에게는 자기의 노력과 업적에 의해 산출된 그 금액이 1백 원이든 2백 원이든 B보다 높은가 낮은가가 문제되는 것이다.

이 같은 임금의 공정, 불공정의 의식은 공정이론公正理論이라고 불리는 심리학적 임금론에 의해서 상당히 깊이 연구되고 있다. 상대성 빈곤이라는 것도 이런 것 중의 하나다.

인간에게는 임금의 절대액보다 다른 사람과의 비교에서 오는 공정, 불공정에 관심을 가지는 경향이 있다는 사실이다. 그런데 이 임금의 차이를 나타내는 요인에 대해 개인이 생각하고 있는 유형은 천차만별이다.

어떤 조사에 따르면 임금 사정의 경우 반드시 고려해 넣어야 한다고 생각하는 요인별 퍼센티지가 ① 맡은 일을 해내는 능력 85%, ② 일의 성과 73%, ③ 근속 연수 72%, ④ 근면성 71%, ⑤ 일의 내용 67%, ⑥ 책임의 경중 63% 등으로 대별되어 있다는 것이다.

그런데 최근 기업에서는 실력주의를 표방하고 이 능력에 주안을 둔 능력급 제도를 채용하고 있는 곳이 많다. 앞에서 언급한 보너스의 능력 사정도 이 일종에 지나지 않는다. 조직의 멤버들도 이것을 희망하고 있는 형편이다. 그러나 일견 공정한 듯이 보이는 이 능력급이 사실은 애매한 문제점을 안고 있다는 사실에는 별다른 관심을 가지지 않는다.

왜냐하면 일을 해내는 능력, 일에 대한 성과라고 하는 요인들이 확실한 객관적 기준에 의해서 처리되겠는가라는 의문이 있기 때문이다. 다시 말하면 객관적인 평가가 상대적으로 주관성의 개재나 개입은 없겠는가 하는 것이다.

기준을 놓고 정하는 것도 사정을 하는 측도 사람이다 보니 사심 없이 공정을 기한다고 말은 하지만, 사람에게 있어서 친분관계란 어쩔 수 없는 것이어서 본의 아닌 주관도 낄 수 있다고 보는 것이다.

극단적인 얘기가 될지는 모르지만 A나 B가 같은 수준의 일을 해내고 공헌도도 같지만 A보다 B의 인상이 좋다는 이유로 점수를 후하게 주는 일은 없는가 말이다. 따라서 능력주의에 의한 능력급을 남달리 주창하는 상사일수록, 능력보다는 자기에 대한 충성도를 기준으로 부하를 평가할 가능성이 있다고 볼 수 있다.

그것은 마치 객관성을 외치는 사람들 가운데 주관성이 강한 사람이 많다는 사실에서도 생각해야 할 여지가 있다. 독재자일수록 법의 존엄성을 주창하는 것과 같은 이치다.

87

태도는 전염되는 특성이 있다

A씨는 틈만 생기면 근처의 백화점이나 상점으로 뛰어 들어가 최근에 어떤 상품이 선호도가 높은지, 어떤 색상의 양복이 유행할 것인지 등을 나름대로 관찰한다고 한다. 그의 말에 따르면 하고 있는 일 때문에 한 일주일간은 전포 순례를 하지 않으면 어딘지 모르게 시대에 뒤떨어진 것 같은 기분이 들어서 못 배긴다는 것이다.

어찌 보면 괴짜같이 느껴질지 모르나, 그로서는 시대와 생활이라는 상관관계에 관심을 두고 그 나름대로 연구하고 있는 것이다. 그는 백화점이나 상점에 들어가면 점원들과 여러 가지 이야기를 주고받으며 점원의 태도를 관찰하는 일부터 잘 팔리는 상품이 어떤 것인지 등을 알아보곤 한다. 그런데 그는 이 연구를 통해서 한 가지 재미있는 사실을 알게 됐다고 한다. 그것은 점원의 태도가 손님에게 미묘한 영향을 끼친다는 사실이다.

손님에게 물건을 팔려고 애쓰는 열성 점원과 마주치게 되면 눈요기를 하러 들어갔던 손님들도 물건을 사는 경우가 적지 않았다는 것이다. 반대로 손님 응대의 태도가 좋지 않거나 손님을 경시하는 등 성의가 없는 점원들은 충분히 팔 수 있었던 물건도 팔지 못할 뿐더러 손님에게 불쾌감을 주어 그냥 돌아가게 한 경우를 수없이 목격했다고 한다.

이렇게 인간의 태도는 그대로 상대방에게 전염되어 상대의 태도를 바꾸어 놓는 힘을 가진다는 사실이다. 특히 신뢰감이 엿보이고 성실한 태도일 때는 그 전염 속도가 빠르게 진행되는 것도 목격됐다.

줄곧 지각하는 사원의 지각하는 버릇을 고치게 하려면 잔소리나 경고만 할 것이 아니라, 상사가 보다 빨리 출근하면 그 사원도 지각을 할 수 없게 된다. 그러나 이러한 상사의 행위가 의도적이라는 것이 드러나면 역효과를 나타낼 수도 있으므로 태도가 자연스러워야 전염의 속도가 가속된다.

이 같은 이치로 태만한 부하 직원으로 하여금 일에 열의를 가지게 하려면 부하 직원보다 상사가 보다 열심히 일하면 되는데, 이 방법에도 문제가 아주 없는 것은 아니다. 즉, 상사가 지나치게 극성을 떨면 부하들은 거부반응을 나타내게 되고 마침내는 배척하는 태도를 취하게 되는 수가 있기 때문이다. 결국 사람의 태도란 본의든 아니든 간에 타인에게 영향을 주는 것이므로 바른 태도를 보이는 것이 중요하다.

B회사의 과장은 천성적인 성격 탓도 있겠지만 솔선수범의 방법을 써서 부하 통솔에 성공했다. 그러나 과도한 통솔로 나중엔 문제가 되어 마침내는 과원들의 총반격을 이겨 내지 못하고 스스로 퇴사하는 수밖에 없었다.

많은 기업과 조직 속의 상사들이 이 수법을 즐겨 이용하고 있는데, 사실 이것은 부하에 대한 무언의 강요라고 해도 과언이 아니다. 말은 소리로 표현되었을 때만이 말이 아니라 소리로 표현되지 않았을 때도 말이 되기 때문이다.

88

권한 이양의 참뜻은 다른 데 있다

기업이란 어떻게 하면 사원을 멋지게 부려먹을 것인가를 생각하게 마련이다. 왜냐하면 이것이야말로 기업의 이익을 창출해 내는 최대의 원천이기 때문이다.

일꾼이 남아돌아가는 시대에는 태만한 인간은 내쫓아 버리면 그만이었지만, 일꾼이 대량으로 필요한 시대가 되면 이번에는 채찍과 당근이라고 하는 고전적인 관리방식을 쓰지 않을 수 없게 된다. 이를테면 외적 동기 부여라는 것인데, 이것은 동물을 훈련한다든지 어린아이를 교육하는 수법일 뿐 성인사회에서는 좀처럼 통용되지 않는다.

그래서 이 어려움을 타개하기 위해 생각해 낸 것이 벨트 콘베이어 방식으로, 그 대표적인 예가 노동의 기계화이다. 이것은 모든 노동수단을 기계화해서 능률을 올리자는 것으로, 인간과 기계를 어떤 방식으로 조화시켜 능률 있게 움직일 것인가 하는 것이 이 연구의 핵심이다. 따라서 선진국에서는 이에 따르는 과학적인 연구가 한창이다.

어떻게 하면 노동의 기계화를 사람들이 눈치 채지 못하게 하고, 매분마다 얼마만큼의 회전을 높이면 되겠는가라는 연구다. 따라서 실제로 많은 기업이 이 방법을 채택하고 있는 중이다.

그런데도 기업의 입장에서는 이 방법도 만족스럽지 못한지 최근에는 사원들이 자발적으로 능률을 높일 수 있도록 하기 위해 효율적인 테크닉 개발에 열중하고 있다. 내적 동기 부여라는 관리 목표라든가 권한 이양이라는 식의 수법을 쓰기 시작한 것이다.

이렇듯 기업 내의 사원들은 고도화된 기업 경영의 연구 대상물이 되고 있는 셈이다. 그러나 그 어느 것이든 인간 심리의 약점을 파고드는 기발한 방법이라는 데는 변함이 없다. 즉, 자기 자신이 정당한 노동이나 능률 향상을 위해 최선을 다하는 것은 좋으나 그 이면에 무엇이 숨겨져 있는가는 알고 지낼 필요가 있다.

인간은 타인으로부터 신뢰받고 있다고 생각할 때 그 신뢰에 상응하는 만큼의 대가를 지불해야 한다는 의무감에 사로잡혀 그에 보답하려는 노력을 아끼지 않는다. 이러한 심리를 이용한 것이 권한 이양이라는 방법이다. 명령으로 움직이려 했으나 뜻대로 되지 않게 되면 채찍과 당근을 양손에 들고 권한을 위임하는 것이 최선의 방법이라는 결론을 얻은 것이다.

사장은 부장에게, 부장은 과장에게, 과장은 계장에게 권한의 상당 부분을 이양하면 전부가 사장이나 부장이나 과장이 된 기분으로 자발적으로 일하게 된다는 것을 이 기법은 제시하고 있다. 그러나 이 같은 방법이 부하에 대한 근로 강화의 구실에 지나지 않는다는 것을 눈치채지 못하는 사람은 없다. 또, 그 방법이 어디서, 누구에 의해 창출되었거나 도입되었는가를 모르는 사람도 없다.

하기야 중간 관리층만큼 애로가 많은 계층도 없으므로 그들의 입장을 이해하는 것도 필요하긴 하지만, 속더라도 알고 속는 것과 모르고 속는 것과는 질적인 면에서 다르다.

객관적으로 혹은 직감적으로 신용할 수 없는 상사가 '권한 이양'을 자주 운운할 때는 조심할 필요가 있다.

89

소속감을 강조하는 것은 반대를 막기 위한 속임수이다

인간은 누구나 자기 성취욕이라는 것이 있어서 자기 의지와 자신의 힘으로 어떤 일을 달성했을 때 한없는 만족감을 느낀다. 물론 이때 자기의 힘으로 움직일 수 있었던 범위가 크면 클수록 만족감도 비례적으로 크게 된다.

조직 속의 개인이 이런 생각을 했을 때 절실히 구하고자 하는 대상이란 대체 어떤 것일까?

그것은 두말할 것도 없이 그 조직 자체이다. 자기가 소속되어 있는 조직을 자기 뜻대로 자기의 힘으로 움직여 보고 싶은 욕망과 조직에 의해 조종되는 노예가 아니라 조직을 움직이는 주인이 되고 싶은 욕구일 것이다. 이와 같은 욕구는 어떤 조직에 소속되어 있든 그 조직에 속해 있는 대다수의 사람들이 느끼는 공통점이다.

최근 기업에서는 이미 이 점을 알고 있다. 그 결과로 이루어진 것이 어떻게 하면 개인이 조직 속에서 참여의식을 갖게 할 것인가이다. 일에 대한 입안立案에서부터 기획 단계는 물론, 어디에 문제를 설정해서 조직의 구성원이 열을 내게 할 것인가에 이르기까지 논의의 초점이 모아지고 있다. 왜냐하면 어떻게 하면 멤버 한 사람 한 사람이 자기 의지를 조직 속에 반영시킬 수 있게 할 것인가를 고민하기 때문이다.

이와 같은 생각에는 적어도 두 가지의 중대한 문제점이 있다. 첫째는 한 사람이 자기의 생각대로 조직을 움직이고 싶어 하는 것과 마찬가지로 다른 개인도 자기 생각대로 조직을 움직이고 싶어 하는 욕구를 갖는 데서 오는 어려움이다. 이것은 멤버의 각자가 꼭 같은 사상이나 인생관, 심지어 가치관을 가지고 있지 않는 한 해결되지 않는다.

두 번째는 '참여'라고 하는 발상이 조직의 측면에서 제기되고 있다는 것이다. 앞에서도 언급한 바 있지만 집단 토의에는 항상 개인의 의지를 압살하는 메커니즘이 숨어 있기 때문이다.

이것을 이용하면 일종의 트릭으로써 개인의 참여의식을 조장시키면서 조직이 의도하는 대로 인간을 움직일 수 있게 된다. 예를 들면 집단에는 그룹 스탠다드가 자연적으로 생겨나서 이 기준 속에 개인을 휘감아 들이고 마는 경향이 있다.

또, 최종적으로는 조직 측이 좋을 대로 결론을 부여해도 그것을 희희낙락하면서 따르는 심리적인 준비가 생겨나기 때문이다. 이같이 생각하고 보면 조직 속의 참여라는 것은 조직에 의한 개인의 지배보다 고도화시킨 하나의 방법에 지나지 않는다는 것을 알 수 있게 된다.

따라서 좋지 않게 생각하면 집단 속에서의 참여라고 하는 것은 개인을 위한 것이 아니라 조직을 위한 것에 불과하기 때문에 조직 속에서의 개인을 생각하는 것 자체가 하나의 모순이다.

글로벌 시대를 살아가는 샐러리맨들은 조직 속에 진정한 참여가 있을 수 있는지를 인식해야 할 것이다. 그리고 설혹 있다손 치더라도 전적으로 개인의 의지가 반영되는 경우란 극히 드물다는 것을 알 필요가 있다. 그래서 어떤 사회학자는 집단 속의 '참여'라는 것은 진정한 의미의 참여라기보다는 반대를 봉쇄하기 위한 명목상의 참여라고 말한다.

조직 속의 개인은 진정한 개인일 수가 없고 조직 속의 한 구성원에 지나지 않는다.

90

조직이 내세우는 규칙은 맹종을 강요한다

인간은 항상 규칙에 묶여 있다고 해도 과언이 아니다. 나라에는 법률이, 기업에는 사규가, 학교에는 교칙이라는 것이 있고, 조직에는 조직 나름대로 규칙이 있게 마련이다. 인간은 항상 이 얽히고설킨 법률이나 규칙에 반감을 품으면서도 하는 수 없이 거기에 따르게 된다.

왜 인간은 규칙에 쉽사리 맹종하는 것일까?

이에 대해서 미국의 심리학자 훼스턴그가 행한 흥미 있는 실험이 있다. 우선 학생들에게 어처구니없이 지루한 작업을 시킨 뒤에, 그 중에서 반수의 학생에게는 집으로 돌아가게 하고 나머지 반수의 학생에게는 '지금으로부터 너희들이 한 것과 꼭 같은 일을 하기 위해 다른 교실에 한 부류의 학생들이 남아 있다. 너희들이 그들에게 이 작업이 얼마나 재미있고 쉬운지를 설명해 줘라' 하고 담임선생이 말했다.

설득 역을 맡은 학생은 그토록 지루하고 고리타분한 작업을 흥미 있고 재미있는 듯이 설명하지 않으면 안 되었다. 이 실험이 끝난 뒤 설득 역할을 맡았던 학생과 설득을 당했던 학생에게 작업의 즐거움에 대해 평가하도록 물었던 바, 설득 역을 맡지 않은 학생은 전원이 '형편없이 지루하고 재미없었다'라고 대답한 데 반해, 설득 역할을 맡았던 학생 쪽은 대부분이 '즐거웠다'라고 대답했다는 것이다.

참으로 믿기 어려운 억지 말 같지만 사실은 그렇지가 않다. 이것은 인지적 불협화認知的 不協和라고 해서, 사고와 행동에 모순이 생겼을 때 사고를 행동에 근접시키려는 인간의 심리반응의 표현이다.

설득 역할을 했던 학생은 제3자에 대해 자기가 본심으로 즐거웠던 것처럼 말한 것에 의해서, 참으로 그러했던 것처럼 생각하고 마는 것이다. 즉, 표면으로 나타냈던 재미없는 일이 정말 재미가 없었던 양 뒷걸음질 칠 수가 없기 때문에 감각적 판단을 무의식중에 행동에 근접시킬 수밖에 없었던 것이다.

기업에서도 이런 비슷한 현상을 자주 볼 수 있다. '이따위 사규 같은 것은 지켜 보았자 시간 낭비다'라고 생각하는 사원들은 불평을 토로하게 되고 자기들 나름대로 비판을 가하게 되지만 이것도 잠시의 일이다. 좋으나 싫으나 일단 그 규칙에 따르게 되면 그 순간부터 무자각적으로 따르지 않을 수 없는 것이 인간이다.

일단 복종하고 나면 그 저주에서 해방될 수 없게 된다. 그래서 악법도 법이라는 말이 생겨났고, 수없는 악법이 우리 생활 주변에 있지만 소수를 제외한 절대 다수는 그 법이 악법인지조차 모르고 무심히 지나치고 만다. 그 예가 주먹 세계의 불문율 같은 규칙이다.

사실 사회질서 차원에서 보면 아무짝에도 쓸 데 없는 그들의 규칙이 되레 국가법을 앞서는 경우가 그들 세계에서는 얼마든지 있다. 그래도 그들은 국법을 어길지언정 그들 세계의 규칙은 어기지 않는다. 이 얼마나 맹종이고 맹신인가?

전기 기기를 생산하는 어떤 유명한 대기업에서는 회장의 인생관이

다분히 반영된 사규를 매일 아침 전 사원에게 낭독해 준 뒤에 일에 착수하도록 했다. 처음에는 사원들 간에 불평이 생겨나고 그따위 고리타분한 인생관쯤 누가 모를까 보냐고 투덜댔는데, 1년을 하루같이 계속되자 나중에는 전 사원이 모두 암송하게 되었고, 마침내는 그 규칙대로 전 사원이 일사불란하게 움직였다. 이런 예가 사회주의를 건설하겠다는 세뇌교육의 일환으로 활용되어 온 바 있다.

그렇다고 해서 사훈이 나쁜 것이라든지 사규가 있으나 마나 하다는 얘기는 아니다. 군소리 말고 믿게 하고 의문을 가질 여지를 주지 않으려는 것이 기업의 체질이라는 것을 말해 두려 할 뿐이다.

91

경직화된 규칙은 주위 변화에 적응할 수 없다

최근에는 젊은이들뿐만 아니라 중년층에서도 칼라셔츠를 입는다든지, 머리 모양을 샤프하게 가꾸는 사람이 많아지고 있다. 개성 회복이라는 의미에서 본다면 긍정적으로 평가할 만한 경향이라고 할 수 있을 것이다. 하지만 이러한 개성화 경향과는 반대로 제복 등을 강제적으로 입히려 하는 비개성적인 경향에서 탈피하지 못한 조직이 있는 것도 엄연한 현실이다.

은행이나 관공서 등이 그 전형적인 예가 될 것이다. 은행의 카운터를 상상해 보면 알 수 있지만, 모든 행원이 똑같은 빛깔의 유니폼을 입고 있을 뿐 아니라, 머리까지도 한 오라기의 흐트러짐 없이 단정하게 손질되어 있다. 심지어 미소 짓는 표정까지 같다고 하면 지나친 말이 될는지 모르지만, 어쨌든 비개성적인 면의 전형적인 스타일임을 부인할 수 없다. 당사자들이 원해서 자발적으로 똑같은 미소를 짓는 것은 결코 아닐 것이다. 하지만 상사의 지시에 따르지 않을 수 없기 때문에 개인의 좋고 나쁨의 의사가 무시된 채 따르고 있는 것이라면 문제가 있다. 이때 상사의 지시나 명령을 강력하게 밑받침해 주는 것은 사규이거나 내부 규정일 것이다.

조직은 조직으로 존재하기 위해 규칙에 따라 질서를 지키려 한다. 질서는 조직의 생명이며 지주이기 때문에 조직 측에서 보면 조직을 지키기 위한 규칙 그 자체를 최우선으로 내세우지 않을 수 없다. 그래서 시대가 급속히 변화해 가면 경우에 따라서는 부적합한 규칙도 있지 않을까 염려되는 마음이 앞선다.

조직이 사회와의 긴밀한 관계 속에서 발전해 나가는 이상, 규칙을 피할 수 없는 것이 현실이다. 그렇지만 규칙이 경직화되면 주위 변동에 적응할 수 없게 되고, 불합리한 규칙을 형식적으로 개인에게 밀어붙이는 우를 범하게 된다.

경직화 현상이 심한 조직일수록 이런 경향이 심하게 마련이다. 그러다 보니 규칙을 지키게 하려는 관리자들까지도 실은 그 규칙이 존재하는 근거조차 모르는 수가 있다. 따라서 젊은 신입사원들 사이에서 반발 현상이 일어나기 시작하면, 설득 논리를 가지고 있지 못한 그들은 '지키게 되어 있는 규칙이므로 지키면 그만이다'라는 식의 궁색한 변명을 한다. 이렇게 되면 규칙이 가지고 있는 의미를 하위 계층에 전달하기 어렵게 되고 마침내는 관리층에 대해 불신하게 된다.

규칙에 대한 경직된 태도는 조직이 본래 가지고 있는 방어적 · 현상유지적인 경향에서 오는 것이다. 한 발자국을 양보했다가는 열 발자국, 백 발자국까지 양보하게 될지도 모른다는 생각에서 그들은 경직의 길로 치닫는다. 따라서 표면상의 규칙이 타당한 것인지, 타당치 못한 것인지를 의논해 봤자 결과는 뻔하다.

방법이 있다면 그 규칙의 배후에 있는 조직의 의도를 간파해 두는 것이다. 왜냐하면 문제의 핵심을 모르고 있는 한 맹종에 지나지 않기 때문에 문제의 핵심을 확실히 알아두는 것이, 예측할 수 없이 돌아가는 회사의 조직에 대응하는 저력이 되기 때문이다.

로마에 가면 로마인의 법을 따르라고 했지만 피까지 바꿀 수는 없는 것이 인간이다.

92

원인을 방치한 상태에서 카운셀러는 무의미하다

필자는 심리학자로서 훨씬 오래 전부터 다음과 같은 인간심리의 본질 문제를 통감해 왔다.

그것은 최초에 필자가 근무하는 대학의 젊은 학생들로부터 제기된 문제였는데, 이를테면 시험 치르는 것이 싫어서 학교에 오길 거부한 초등학생을 심리 상담으로 다시 학교에 나오게 했을 때, 과연 이 케이스를 잠재해 있는 '환경 적응, 부적응'이라고 볼 수 있겠는가라는 것이었다.

해답은 나중에 말하기로 하고 근래 기업 가운데서도 하는 일이나 직장 환경에 적응하지 못해 불만을 토로한다든지, 노이로제에 걸리는 직원을 심리 상담으로 치료하는 일이 성행하고 있다. 이 방식은 본래 미국에서 고도산업사회에 적응할 수 없는 인간을 어떻게 해야 하는가라는 문제의식에서 생겨났던 것이다.

필자는 앞에서 치료라는 말을 썼는데 과연 이 방법이 진실한 의미의 치료라고 말해도 좋을지 의문을 안 가질 수 없었다. 예를 들어 간단한 질병의 경우를 보면 그 의문점이 명백하게 제시될 수 있다. 좀 더 구체적으로 다음과 같은 경우를 생각해 보자.

사람들이 가득 찬 방안에서 머리가 아프다는 사람이 차례차례로 생겨났다고 하자. 의사는 그들을 방 밖으로 나오게 해서 차례로 진정제를 주고, 다시 그 방으로 들어가게 할 것이다. 아니면 이런 때에 조심성 있고 뭔가 깊은 생각을 하는 지혜 있는 의사라면 그 방의 상태를 면밀히 조사한 후, 필요하다면 창문을 열어 공기를 환기시킨다든지 해서 방안에 두통을 일으킬 만한 원인을 없애려고 신경을 쓸 것이다.

그런데 이 예로 말하자면 현재 실시되고 있는 심리 상담은 환자에게 일단 진정제를 투여한 후에 다시 그 방 속으로 몰아넣는 것이나 다름없다고 볼 수 있다. 즉, 환경에 적응되지 않는다고 분명히 의사 표시를 한 사람이라면 환경을 관리하는 측은 인간에게 다소의 조작을 가해서 일시적으로 그 환경에 적응하게끔 만들어 놓고 마는 것이 고작이다.

만약 앞에서의 두통의 예로서 방안의 환경이나 두통을 일으킬 만한 요소들을 그냥 내버려둔다면 그 결과는 보나 마나 제2, 제3의 환자가 차례로 속출할 것이 뻔하다. 기업에서 실시하고 있는 심리 상담이 확실히 일시적인 부적응자를 임시로 처리하고 직장에 다시 복귀시킬 수는 있다. 직장에 따라 정도의 차이는 있을지언정 같은 원인 때문에 부적응 증상을 나타내는 사람이 다시 없다고 말할 수는 없다.

원인을 없애지 않는 일시적인 처방이나 대응책이란 실효가 없을 뿐 아니라, 전체적으로 볼 때 시간과 정력의 낭비에 지나지 않는다. 어쨌든 노이로제와 같은 정신질환적인 증상을 치료하는 일은 필요한 일이지만, 환경에 적응하지 못하는 사람을 조직 속으로 몰아넣는 것은 재고할 필요가 있다. 환경의 결함을 개인에게 전가하고 근본적으로 해결하지 않으려는 것은 그 기업이 안고 있는 체질로 봐서 어쩔 수 없는 일이다. 그러나 시급히 해결해야 할 일 중의 하나이다.

고도 산업사회뿐 아니라 작금의 학원도 이 같은 문제에 대해 깊이 반성해야 할 때가 됐다고 본다.

93

사회 이익을 표방하는 기업의 본심은 따로 있다

최근 어느 기업이랄 것 없이 이익을 사회에 환원해야 한다고 말한다. 수익을 굉장히 많이 낸 기업은 복지시설을 만들어 기부한다든지, 지역 주민을 기반으로 해서 체육관을 지어 주민에게 공개한다든지 하는데, 이것을 이익의 사회 환원이라고 열심히 홍보하고 있다.

대체 기업이라고 하는 조직은 무엇 때문에 있는 것인가?

본래 기업은 이익을 올리기 위해 뜻을 같이하는 동지가 모여서, 아니면 단독의 자금과 힘으로 만들어 낸 공동체로서, 사회를 위한다거나 지역사회를 위해서 출발한 것은 결코 아니다. 그러나 일단 조직이 형성되고 나면, 조직은 그 목적과 별도로 자신의 생명을 보전시키기 위해 때론 생명을 위협하는 외부의 적과 싸우고, 때에 따라서는 내부의 암적 존재를 도려내고, 또 주위 환경과 타협하지 않을 수 없게 된다.

모든 생물이 그렇듯이 조직도 스스로의 목숨을 지켜 나가자면 항상 외부 환경에 적응할 필요가 생기고 또 압력을 받게 되어 있다. 기업은 기업 자신을 위해 존재하는 것이다. 이것은 개인이 사회를 위해 존재한다고 말하면서도 사실은 가정을 위해 전전긍긍하는 이치와 다를 바

없다. 개인도 명분이야 어떻든 자신이 있고 나서야 식구나 남이 있는 것이고, 자기를 위하지 않는 일에 선심만 쓰는 사람은 없다.

기업이 이익의 사회 환원 운운하는 것은 그 자신의 이미지를 높이기 위한 것이면서 기업의 생명을 지키기 위한 구실에 지나지 않는다. 그 증거로 이익을 사회 속으로 환원하기 위해 스스로 자기 생명을 끊어 버린 기업은 하나도 없는 것으로도 충분히 입증된다.

그런가 하면 자신의 목적을 달성했다고 해서 이익을 사회에 완전히 환원하고 해산한 기업이 있었는가? 그리고 모든 것을 기업이라는 조직의 원리에 따라 행동하고 있을 뿐 그 이상도 이하도 없다.

특히 최근에는 대기업이 중소기업을 힘들이지 않고 흡수해서 수없이 많은 방계회사傍系會社를 만들고 있는데 이것을 비유해서 문어발식 재벌이라고 한다. 기업은 인간이 하는 것이며 그 조직도 인간에 의해서 움직인다. 따라서 기업의 생리나 인간의 생리는 똑같다. 다만 현대 기업 중에서도 경영자의 개성과 성격이 유별난 기업은 마치 욕심 사나운 사람처럼 기업 확장에만 신경을 쓰는 경향이 없지 않다.

기업의 이익을 사회에 환원하는 일은 예찬의 대상이 되어야 하겠지만, 그 본심은 사회와의 타협에 있다는 것을 알아둘 필요가 있다. 한때 기업은 망해도 사주인 사장은 산다는 얘기가 있었다. 이것은 기업을 하는 사주의 신상에 관한 문제이긴 하지만 마땅히 비난받아야 할 일이다. 그러나 우리로서도 기업의 어려움을 이해하는 도량이 필요하다. 기업이 아무리 이익 집단이라 하더라도 기업이 없는 개인이라는 것도 문제가 될 수 있기 때문이다.

다만 사회 이익을 지나치게 표방하는 기업에는 집안에 말 못할 사정이 있다는 것을 알아둘 필요가 있다.

94

조직이 강조하는 개성이 과연 개인의 개성을 존중하는 것일까?

조직의 목적 달성을 조직에 소속되어 있는 개인의 목적 달성으로 보아 온 낡은 시대와 결별한 이래, 조직에 있어서나 개인에 있어서 항상 조직과 개인, 전체와 개별이라고 하는 길항관계拮抗關係, 즉 서로 버티고 대항하는 관계가 최대의 문제로 대두되어 왔다.

조직이 몰개성적인 성질을 본질적으로 가지고 있다는 것은 몇 번씩이나 되풀이했지만, 다른 한편으론 조직에는 조직의 목적을 수행하기 위해 개인의 개성이나 일을 강력하게 요구하는 면이 있는 것도 사실이다. 조직은 몰개성적 성격과 개성 요구적 성격이라 하는 모순된 두 가지 특질을 본질적으로 가지고 있다.

다시 말하자면 서로 반대되는 작용으로 한쪽이 신장되면 한쪽이 수축되는 이 두 가지 경향 중에서 몰개성적인 경향은 안정되고 오래 된 조직에 많은 편이고, 개성 요구적인 경향은 성장 도상에 있는 새로운 조직에 많다.

인간에게 생동감을 주는 조직을 만들기 위해 열중해 온 사장들은 '조직에 몰개성적 경향이 강해지는 것은 조직의 노화현상이다'라고 생각하게 된다. 이런 생각을 가진 사장은 이 주장을 굽히지 않을 뿐 아니라, 어떤 조직에 가서도 똑같은 주장을 하면서 몰개성적 성격을 띠고 있는 조직들을 파괴하는 데 주저하지 않는다.

일본의 이부가와 함께 오늘의 쏘니를 만들어낸 회장 모리다 아키오도 독특한 '조직 돌담론'이라는 것을 내세운 바 있다. 이것은 조직을 돌담에 비유하고 개인을 돌담의 돌로 비유해서, 돌담이라는 것은 크기와 모양이 다른 한 개 한 개의 돌을 쌓아 올림으로써 돌 하나하나의 특질을 살릴 수 있으면서 전체를 이루어 가는 것, 바로 이것이 조직이라는 이론이다.

그러나 이 돌담도 일단 완성시키고 난 뒤에 어느 한 구석에 결함이 생기면 잘못된 돌을 캐내고 그 구멍에 맞는 돌을 골라서 넣고 다듬지 않으면 안 된다. 바로 여기에서도 개성화와 몰개성화의 모순이 고개를 쳐들게 된다. 때문에 개성을 존중한다고 떠벌이는 회사에는 반드시 몰개성적인 성격이 있다.

개성을 노래 부르듯이 말하고 있으면서 개성이 무엇인지 전혀 느끼지 못하는 것은 맹랑한 일이 아니라 무서운 일이다. 바꾸어 말하면 조직의 개성이 개인의 개성을 죽이고 있는 것이다. 따라서 조직과 개인의 대결은 조직이 갖는 모순된 두 가지 특질을 둘러싼 채 영원히 계속될 것이다. 그러나 인간에게 있어서 매우 중대한 이 문제에 대해 지금까지 의욕적으로 달려들어 다루고 매만져 온 것은 아무래도 조직 측이 아니겠는가 싶다.

그렇다고 한다면 개인의 주체성을 요구하면서 다른 한편으론 문제해결의 열쇠를 맡기고, 그 결과 당연한 귀결로써 조직이 의도하는 대로 항아리 속에 들어가 앉는 것은 개인 자신의 책임일 수밖에 없다.

지금까지 우리는 회사의 심층 심리에 관한 것들을 알아보았다. 그 결론은 개인보다 거대한 회사라고 하는 조직을 어떻게 이해하고 대응해야 하는가에 모아져 있었다. 지금까지 성실하게 읽어주신 당신으로 하여금 사람의 마음을 읽는 데 이 책이 얼마나 도움이 되었는지 모르지만 다소간 이해의 폭을 넓히는 데 일역을 담당했으리라고 믿으면서 곱씹어 생각해 줄 것을 당부 드린다.

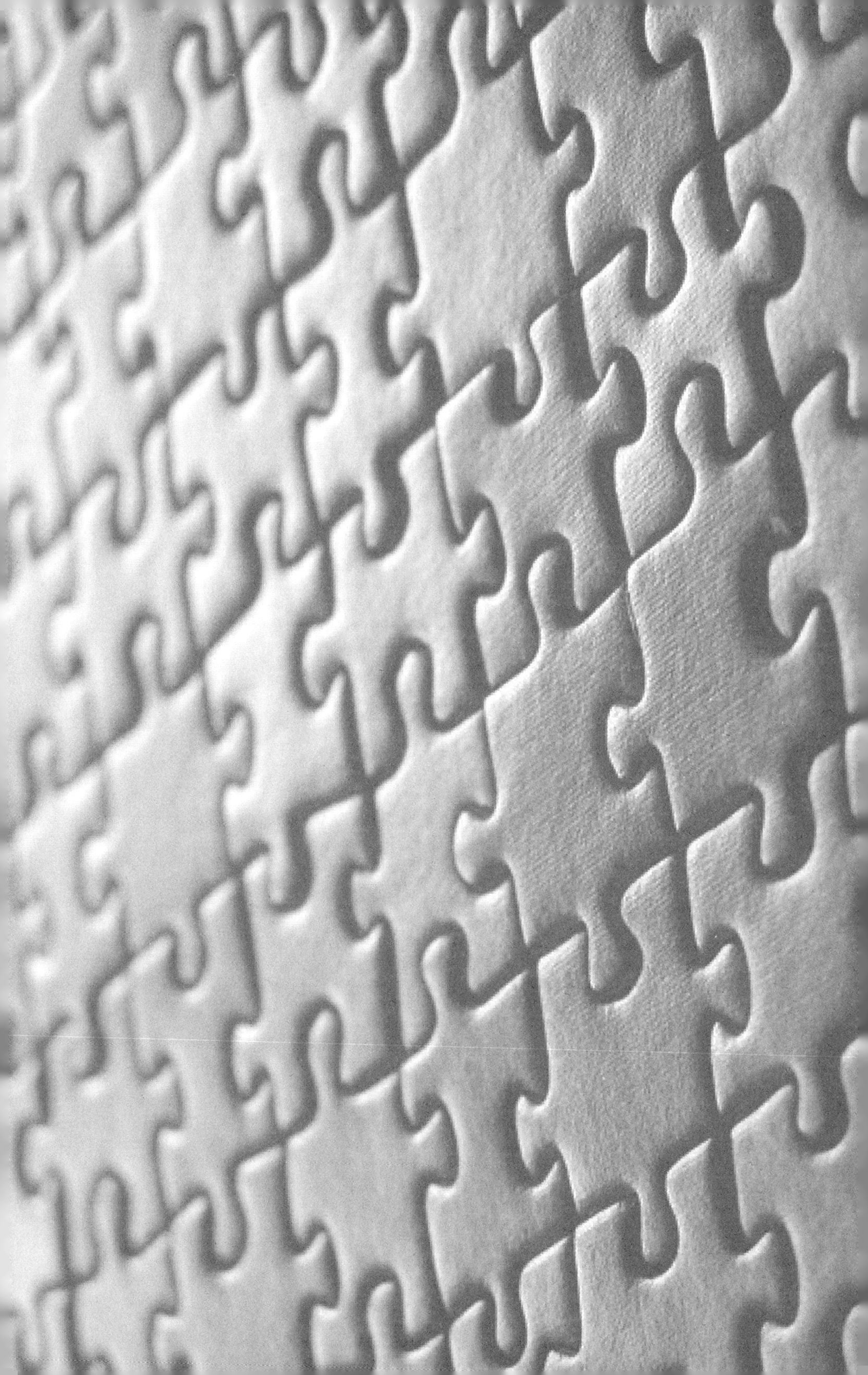

다고 아키라가 파악한 인간심리

◎ 상대의 눈을 보면서 점잖은 말을 하는 사람은 상대에 대한 경계심과 함께 우위에 서고 싶은 욕망을 가지고 있다.

◎ 상대의 눈을 전혀 보지 않고 깊숙이 머리를 숙이고 있는 사람은 상대에 대해 열등감을 가지고 있거나 거부하는 경우이다.

◎ 첫 대면인데도 불구하고 어깨가 닿을 듯이 인사하는 사람은 그 장소의 분위기를 유리하게 이끌어 가고 싶어 하는 저의가 있다.

◎ 첫 대면이 아닌데도 틀에 박힌 인사밖에 하지 않는 사람은 자기 방어적인 성격의 소유자다.

◎ 첫 대면일 때 시선을 딴 곳으로 돌리는 사람은 상대보다 우위에 서려는 속셈을 가지고 있거나 상대를 무시하려 드는 소치이다.

◎ 시선이 몹시 움직이고 있음에도 불구하고 눈을 깜빡이는 간격이 규칙적인 것은 사고가 정리되기 시작한 표현이다.

◎ 팔짱을 끼고 있는 자세는 상대로부터 자기를 지키려는 감정과 동시에 필요하다면 언제라도 반격하리라는 속셈의 표현이다.

- 대화 중에 먼저 한쪽 발을 얹거나 꼬는 것은 상대에 대해 우위에 서 있음을 나타내려는 행위이다.

- 주먹으로 손바닥을 친다든지 손가락 마디를 딱딱 꺾는 것은 상대를 위협하고 있는 것으로 봐도 좋지만, 사고력이 동반되지 않은 때가 많다는 것을 간과하지 말아야 한다.

- 양 다리를 좁게 포개 앉는 사람은 마음 한 구석에 뭔가 모르는 불안을 안고 있는 경우가 대부분이다.

- 연필이나 손톱, 담배를 씹는 버릇이 있는 사람은 성적性的으로 덜 성숙되었다고 보아도 괜찮을 것이다.

- 자기의 입을 가리는 버릇이 있는 사람은 내성적 성격으로 사회에 순응하는 타입이다.

- 손으로 뺨을 괴는 버릇이 있는 사람은 자기의 약점을 커버하고 싶어 하는 표현의 일례이다.

- 군청색 계통의 세로무늬가 든 셔츠를 즐겨 입는 사람은 자기의 지위에 대해 불안해하고, 기가 허약한 사람이 많다.

- 넥타이 등에 화려한 원색을 좋아한다든지 넥타이를 매지 않는 사람은 자아에 강하다.

- 유행에 민감한 사람은 체제 순응형으로 자기 자신에 대해 자신감이 없기 때문에 그것을 커버하기 위한 심리가 있다.

- 유행에 전혀 무감각한 사람은 개성이 강하지만 무엇인가 콤플렉스를 가지고 있는 경우가 많고 어떤 일에든 비협조적인 태도를 보이기도 한다.

- 복장의 기호가 갑자기 바뀌는 것은 심경의 변화나 새로운 결의를 안고 있는 것으로 봐도 좋다.

- 상대의 일에 대해서 콩팔칠팔하면서 무언가를 들으려고 하는 것은 상대의 약점에 정통한 후 전적으로 지배하고 싶어 하는 증거이다.

- 농담을 하는 척하면서 험담을 곁들이는 것은 은연중에 쌓이고 쌓였던 욕구 불만에 의한 폭발의 본심이다.

- '나'라는 말을 자주 내세우는 사람은 자기 현시욕顯示慾이 강한 사람이다.

- '그래서'라는 말을 자주 쓰는 사람은 사고력이 집중되어 있지 않은 사람이다.

- 평소 과묵하던 사람이 갑자기 말이 많아지면 다른 사람에게 알리고 싶지 않은 비밀이 생긴 것으로 봐도 좋다.

- 한 가지 이야기를 오래 되풀이하는 사람은 반론을 겁내고 있다는 증거이다.

- 얘기가 충분히 마무리되지 않았는데도 빨리 결론을 내리려고 하는 것도 반론을 겁내는 증거이다.

- 말을 하면서 자기 혼자 장단을 맞추는 사람은 상대의 반론을 용서하지 않는 완고한 성격이다.

- 말의 템포가 그전 같지 않게 느릿느릿해졌을 때는 상대에게 불만이나 적의를 안고 있다는 증거이다. 반대로 말의 템포가 그전과 다르게 빨라졌을 때는 상대에게 열등감이나 약점을 느끼고 있거나 말 속에 거짓말이 숨어 있다는 증거이다.

- 기호품의 특정한 상표에 집착이 강한 사람은 일종의 편집증 성격이 아니면 욕구 불만을 감추고 있는 경우가 많다.

- 조금만 취하면 자기 말만 해대는 사람은 자기 자신에 대해 욕구 불만을 가지고 있다.

- 이성관계에 있어서 가문이나 학력 등 형식적인 일에 신경을 쓰는 사람은 간질병 기질이 있는 경우가 많다.

- 자못 호색한 인 양 떠벌리는 사람은 성적 콤플렉스로 고뇌하고 있는 경우가 많다.

- 말을 정정해서 할 때는 처음에 한 말이 본심인 경우가 많다.

- 생활비를 희생하면서까지 투자에 집념을 불태우는 사람은 무슨 일에든지 이유를 달지 않으면 직성이 풀리지 않는 타입이다.

- 은행을 신용하지 않고 현금만 믿으려 하는 사람은 내향성의 분열형인 사람이다.

- 상대의 형편을 생각하지 않고 길게 전화하는 사람에게는 히스테리 경향이 있다.